그리스도의 임재를 경험하기

Experiencing the Mystery of Christ
Copyright ⓒ 2002 by Ir. Eddy Leo, M. Th
Published by YAYASAN MEDIA BUANA INDONESIA
Speed Plaza Blok B/23, Jl. Gunung Sahari XI, Jakarta 10720, Indonesia
All rights reserved
Korean edition copyright ⓒ 2003 by NCD Publishers

이 책의 한국어판 저작권은 도서출판 NCD에 있습니다.
저작권법에 의하여 한국 내에서 보호를 받는 저작물이므로 무단전재와 무단복제를 금합니다.

그리스도의 임재를 경험하기

지은이 | 에디 레오
옮긴이 | 황의무
초판 5쇄 펴낸날 | 2006년 2월 28일
등록번호 | 제2003-9호
등록일자 | 2003년 10월 15일
등록처 | 경기도 성남시 분당구 야탑동 382-7 금강빌딩 6층
발행처 | 도서출판 NCD

ISBN 89-89028-83-3
값 6,500원

▪ 잘못된 책은 바꿔 드립니다.

도서출판 NCD
주　　소 | 경기도 고양시 일산구 장항동 578-16 나동 (411-834)
영업부 | (031) 905-0434, 팩스 (031) 905-7092
편집부 | (02) 538-0409, 팩스 (02) 566-7754
한국 NCD / 지　원 | (02) 565-7767, 팩스 (02) 566-7754
　　　　　　코　칭 | (02) 565-7767, 팩스 (02) 566-7754

도서출판 NCD는 '자연적으로 성장하는 더 좋고 많은 교회 번식 운동'을 펼치고 있는 한국 NCD(www.NCDKorea.com)와 터치코리아(www.TouchKorea.net) 및 이와 관련된 기관들의 사역을 문서로 지원하는 출판사입니다.

한국 NCD는 현재 전 세계 6대주 66개국 10,000교회 4,200만 자료로 검증된 설문 조사 자료를 토대로 하여 한국에서 8가지 질적 특성을 중심으로 교회의 건강을 진단할 뿐만 아니라 더 많은 교회들이 건강하게 세워질 수 있도록 지속적으로 자료 및 도구 제공, 훈련, 세미나, 컨설팅, 코치 사역, 세계 선교, 지역 및 정보 네트워크를 위해 사역하고 있는 국제적인 전문 사역 기관입니다.

※ 보다 자세한 사항은 홈페이지를 참고하세요.

그리스도의 임재를 경험하기

에디 레오 지음
황의무 옮김

도서출판

목차

저자소개 6
감사의 말 8
서문 10
서론 11
소그룹 공동체란 무엇인가 13
가식적인 공동체와 진정한 공동체 15
소그룹 공동체의 목적과 목표 17
 1. 목적 / 2. 목표
서로 세워주고 섬기는 원리 18
본서의 활용 방법 19

소그룹 공동체의 실체에 관한 주제 22
 1. 소그룹 공동체의 의미 / 2. 소그룹 공동체의 목적 / 3. 소그룹 공동체의 실체
 4. 관계 세우기 / 5. 최우선 순위 / 6. 무조건적 용납 / 7. 그리스도의 눈으로 보기
 8. 훌륭한 발견자가 되기 / 9. 공동체의 죄 / 10. 진정한 공동체 세우기

기도에 관한 주제 42
 11. 기도하는 집 / 12. 기도의 정의 / 13. 기도의 응답에 대한 보장 / 14. 주기도문
 15. 성령 안에서의 기도 / 16. 교제의 기도 / 17. 감사의 기도 / 18. 중보기도
 19. 영적 전쟁을 위한 기도 / 20. 신앙 고백적 기도

기본적 성품에 관한 주제 62
 21. 심령이 가난한 마음 / 22. 애통하는 마음 / 23. 온유한 마음 / 24. 의에 주리고 목마른 마음
 25. 긍휼히 여기는 마음 / 26. 정결한 마음 / 27. 화평케 하는 마음
 28. 의를 위해 핍박 받는 마음 / 29. 빛과 소금 I / 30. 빛과 소금 II

영적 은사에 관한 주제 82
31. 성령의 은사 / 32. 지식의 은사 / 33. 능력의 은사 / 34. 언어의 은사
35. 사역의 은사

일반적 주제 92
36. 도박과 투기 / 37. 성적 범죄 / 38. 포르노물 / 39. 언약과 계약 / 40. 즐거움 I
41. 즐거움 II / 42. 학대와 마음의 상처 I / 43. 학대와 마음의 상처 II / 44. 복수
45. 인내 / 46. 옛 습관과 새로운 습관 / 47. 돈 관리 / 48. 하나님 나라의 경제
49. 정직 / 50. 험담

청소년에 관한 주제 122
51. 가면을 벗은 세대 / 52. 무관심 / 53. 젊은이들의 오락 / 54. 주변의 압력
55. 경쟁 심리 / 56. 집단과 파벌 / 57. 흡연

주일 설교 136
참고 문헌 138

저자 소개

아바러브 사역(Abbalove Ministries)을 이끌고 있는 에디 레오 목사님은 최근 급속히 성장하고 있는 건강한 소그룹/셀교회를 담임하고 있으며, 인도네시아 기독인 연합(Christian Men's Network)의 대표이기도 하다. 그는 '하나님 아버지의 마음'(Father Heart of God)이라는 강의로 유명하며, 특히 나라와 민족을 마음에 품는 선지제사장적 예배(Prophetic Priestly Worship)로 잘 알려져 있는 예배 혁명 개념과 건강한 소그룹 셀교회의 DNA개념을 보급하는 데 힘쓰고 있다. 그의 사역은 본국인 인도네시아는 물론 한국, 방글라데시, 말레이시아, 인도, 일본, 태국, 중국, 호주, 브라질, 캐나다 및 미국에까지 큰 영향을 미치고 있다.

당신은 지금 소그룹 공동체 사역에 지쳐 있지 않은가? 당신의 소그룹 공동체는 마지못해 기계적으로 움직이고 있지는 않는가? 당신은 소그룹 공동체를 통해 아무런 영적 성장도 경험하지 못했다고 생각하지는 않는가? 설령 그렇더라도 포기하지 말라! 만약 소그룹 공동체 구성원들이 그리스도를 경험할 수만 있다면 당신의 소그룹 공동체는 새롭게 태어날 수 있다. 그리고 그리스도는 우리에게 이러한 경험을 주시기 위해 자신을 드러내 보이셨다. 즉, 그리스도는 지난 역사 동안 감추어진 비밀이었으나, 이제는 우리에게 자신을 드러내 보이셔서 '영광의 소망'이 되셨으며(골 1:24~29), 이것은 우리로 하여금 그를 경험하여 그 안에서 온전함을 이루어 갈 수 있도록 하시기 위한 것이다. 그러므로 소그룹 공동체 사역에서 무엇보다도 중요한 것은 그리스도를 경험하는 것이다. 소그룹 공동체를 향한 새로운 열정을 품기를 원하는 사람이나 그리스도의 임재를 경험함으로 영감과 창조력을 얻고자 하는 사람, 그리고 소그룹 공동체 안에서 새로운 관계를 형성하기를 원하는 사람은 주저하지 말고 본서를 선택하라. 이 책은 바로 여러분들을 위해 쓰여졌다.

본서는 건강한 소그룹/셀교회를 위한 지침서로써 우리에게 영원한 성경적 원리를 제시할 뿐만 아니라 날마다의 삶과 교회 사역을 통하여 그리스도를 경험하게 하는 실제적인 안내서이다. 독자 여러분은 본서를 통하여 그리스도를 경험하고 그와 함께 하는 즐거움을 누리게 될 것이다.

— 죠나단 패티아시나(Jonathan Pattiasina, 청소년 사역협회)

예수님은 매우 창조적인 방법으로 제자들을 가르치셨다. 예를 들어 예수님은 제자들에게 큰 광풍과 폭풍을 경험하게도 하셨고 또한 그물이 찢어질 만큼의 고기를 잡는 경험도 하게 하셨다. 예수님은 이러한 산 경험을 통해 제자들의 가치관을 바꾸셨다. 이러한 패턴은 본서에도 사용된다. 나는 본서가 생명력을 잃고 방황하는 많은 소그룹들과 셀교회들에게 분명한 돌파구를 마련해 줄 것이라 확신한다. 본서는 모든 소그룹이 꼭 읽어야 할 필독서이다.

― 뱀방(Dr. Bambang Widjaja, 세콜라 신학교)

본서는 풍성한 소그룹 사역을 원하는 사역자들에게 많은 유익과 영감을 줄 것으로 확신한다. 본서의 구성은 매우 탁월하며, 독자들은 본서를 통해 셀교회와 소그룹 사역에 대한 많은 유익을 얻을 것이라 믿는다.

― 오바자 탄토 스티아완(Obaja Tanto Setiawan, GBI 교회 담임 목사)

본서는 소그룹의 정의 및 지교회 내에서의 효율적인 운영 방법에 대한 간결하면서도 실제적인 안내서이다. 본서는 소그룹 사역을 시작하려는 사람이나 현재 시행하고 있는 사람이라면 반드시 읽어야 할 필독서이다.

― 바울루스(Paulus Yedid Yah, GPT Petra 교회 담임목사)

감사의 말

만일 우리 주 예수 그리스도의 은혜가 아니었다면 이 책은 나오지 못했을 것이다. 그는 모든 영광과 존귀를 받으시기에 합당한 분이시다. 지난 20년 동안 그리스도의 몸된 교회를 섬겨오면서 많은 목회자와 지도자들로부터 도움을 받았으나 이 시간 일일이 그분들의 이름을 거명하기엔 지면이 너무 부족하다.

나는 은혜의 유산을 함께 받아 누릴 나의 사랑하는 아내 로즈 레오(Rose Leo)에게 감사한다. 아울러 하나님으로부터 받은 축복의 두 아들 크리스챤(Christian)과 다니엘(Daniel)에게도 고마움을 전한다. 이 외에도 본서가 나오기까지 많은 도움과 조언을 주신 분들은 다음과 같다.

- 나의 영적 은사이신 데일(Dale Sexton)과 벤(Ben Baluyot) 및 에드윈 루이스(Edwin Louis Cole).
- 초등학교 때 복음적 메시지를 통해 예수님을 알게 해 준 스티븐 통(Dr. Stephen Tong).
- 그리스도의 사역자로서 어떻게 살아야 할 것인지에 대한 살아있는 모범을 보여주었던 타누위자자(J. N. Tanuwidjaja).
- '하나님 아버지의 마음'이 무엇인지를 가르쳐 준 다우 이스터데이(Dough Easterday).
- 셀교회와 가정교회의 원리를 발견하게 해 준 벤자민(Benjamin Wong), 로렌스(Lawrence Khong), 랄프 네이버(Ralph Nerghbour Jr), 카스텔라노스(Ps. Cesar Castellanos), 울프강 심슨(Wolfgang Simsn), 빌 벡햄(Bill Beckham) 등의 동역자들.
- 사미톤(Samiton), 소프찬(Sofjan), 제프(Jeff) 등 선배 동역자와 그의 가족들.
- 특별히 본서의 원리들을 발견하도록 도와주었던 해외의 동역자들: 한국의 폴 정(Paul Jeong), 일본의 이시하라(Yoshito Ishihara), 방글라데시의 로스 메이어(Ross Mayer), 태국의 투밍다(Tu Ming Da), 미국의 스티브 쟈킨(Steve Jakin)과 하디아르소(Hadiarso), 하디안토(Hadianto), 말레이시아의 케니 탐(Kenny Tham), 인도의 모세(Pradeep Moses).
- 본서의 풍성한 내용을 위해 많은 조언을 해 주었던 '아바러브'의 동료 교회 지도자들.
- 그동안 많은 도움과 지원을 아끼지 않으신 여러 지역의 소그룹 공동체와 교회 지도자들.
- 그동안 인도네시아에 있는 그리스도의 몸된 교회들을 하나로 묶는 사역의 촉매제 역할을 해온 교회연합운동(UMM: Unity Movement Ministries)의 동역자들.

- 본서를 추천해 주신 뱀방(Bambang Widjaaj), 죠나단(Jonathan Pattiasina), 바울루스(Paulus Yedid Yah), 오바자(Obaja Tanto Setiawan) 등 동료 사역자들.
- '아바러브' 사역을 위해 땀흘려 수고하는 모든 동역자들.
- 특별히 본서의 편집과 번역 및 디자인을 맡은 리만(Liman), 안네트 헤몬드(Annette Hammond) 베니타(Venita), 리아나(Liana), 링링(Ling-ling), 하르소노(Harsono) 및 프레디(Freddy)에게 감사드린다.

"이것을 읽으면 그리스도의 비밀을 내가 깨달은 것을 너희가 알 수 있으리라" (엡 3:4).

"하나님이 그들로 하여금 이 비밀의 영광이 이방인 가운데 어떻게 풍성한 것을 알게 하려 하심이라 이 비밀은 너희 안에 계신 그리스도시니 곧 영광의 소망이니라" (골 1:27).

서문

오늘날의 그리스도인과 초대교회의 그리스도인 사이에는 많은 차이가 있다. 오늘날의 교회는 하나님께서 본래 의도하셨던 교회의 모습에서 너무 멀리 떨어져 있다. 사도행전에 나오는 초대교회를 생각해 보라. 그 교회에는 지금과 같은 교회 건물이나 아름다운 찬양도 없었으며, 신학적 설교나 현대적인 정보 수단은 물론 심지어 지금 우리가 가지고 있는 성경조차 제대로 없었다.

그럼에도 불구하고 그들은 세상을 뒤흔들만한 능력이 있었다. 그들은 박해를 받았으나 동시에 많은 사람들로부터 존경도 함께 받았으며, 고난 가운데서도 오히려 즐거워 하였다. 성도들은 서로 사랑하였으며 서로를 위해 자신의 소유는 물론 자신의 삶도 기꺼이 헌신하였다.

오늘날의 교회는 교회의 가장 본질적이고 실제적인 요소들을 잃어버렸다. 많은 교회들이 영혼에 대한 관심과 열정은 상실한 채 방법과 패턴 및 조직에 더욱 많은 관심을 쏟고 있으며, 그 결과 대부분의 현대 교회들이 진정한 공동체를 상실하고 말았다.

이러한 시대에 본서는 건강한 소그룹/셀공동체의 삶에 대한 근본적인 내용과 함께 우리를 위협하는 여러 가지 도전들에 대처할 수 있는 구체적인 원리와 방법들을 제시한다. 나는 본서가 소그룹 사역에 활력을 주는 영감과 창조성을 보다 분명히 제시해 준다면 그 소임을 다 하는 것이라고 생각한다. 본서를 활용할 때 소그룹 공동체의 리더는 기도하는 가운데 자신의 공동체가 처한 현재의 상황에 가장 적절한 주제들을 선정해야 한다.

소그룹 공동체의 본질을 회복하기 위해서는 공동체가 건강해야 한다. 이처럼 건강한 소그룹 공동체는 성장할 수밖에 없다. 이것은 아무리 강조해도 부족하며, 우리의 모든 토론과 활동들이 도출해내야 할 궁극적인 결론이다.

서론

지난 수년간 진행되어 온 교회 성장 운동으로 인해 교인들의 수는 크게 증가하였으며, 공동체 운동 역시 활발하게 전개되고 있다. 이러한 일들은 우리를 크게 고무시키지만, 현재 진행되고 있는 소그룹 사역들이 교회의 역사나 그 규모에 관계없이 진정한 공동체의 모습과는 거리가 있어 보여 우리를 근심되게 한다.

진정한 공동체를 세우는 일은 결코 쉽지가 않다. 공동체는 소위 효과적이라고 알려져 있는 특정 방법을 적용한다고 해서 갑자기 좋아지는 것이 아니다. 설사 오랜 기간의 소그룹 사역을 통해 진정한 공동체를 세웠다 할지라도 이러한 공동체는 언제든지 상실될 수 있다. 따라서 무엇보다 중요한 것은 진정한 공동체의 본질을 재발견하고 정립하는 일이다.

공동체 운영을 통해 실제로 겪은 여러 가지 경험과 갈등 및 수년간 되풀이해 온 성공과 실패를 통해 우리는 골로새서가 진정한 공동체의 본질에 대한 많은 가르침을 주는 말씀이라는 사실을 깨달았다.
골로새서를 통해 공동체에 대해 알 수 있는 가장 중요한 진리는 그리스도께서 옛 언약의 백성들에게는 감춰져 있었던 비밀이셨다는 것과, 그가 이제 우리의 소망이 되시기 위해 그 비밀의 베일을 벗고 밝히 드러나셨다는 것이다. 그리하여 이제 하나님의 자녀들이 그로 인한 영광의 소망을 바라보며, 그의 완전함에까지 자라날 수 있는 소망을 품을 수 있게 되었다는 것이다.

그렇다면 이 비밀의 내용은 과연 무엇인가? 그것은 간단하다. 곧 '그리스도를 우리 가운데 계시게' 하는 것이다. 진정한 공동체는 그리스도를 우리 가운데 모실 때에 형성된다. 그가 우리 가운데 계시면 그를 통하여 비로소 진정한 공동체가 세워진다. 그리스도는 그의 교회를 세우시겠다고 분명히 약속하셨다(마 16:18; 엡 2:14~22). 그러므로 교회를 세우는 일은 우리의 힘으로 되어지는 일이 아니다. 만일 우리가 하나님으로부터 나오지 않는 힘으로 교회를 세우고자 한다면 지치고 말 것이다.

그렇다면 교회를 세우기 위해 우리가 할 일은 아무 것도 없는가? 그렇지 않다. 우리가 해야 할 부분이 있는데, 그것은 그리스도께서 우리의 삶 가운데 역사하실 수 있도록 하는 것이며, 이를 위해 우리는 다음 두 가지 사역에 최선을 다해야 한다.

1. 관계를 세우기

하나님은 모든 관계의 원천이시며, 모든 공동체의 근원이다(그가 모든 관계의 원천이라는 사실은 그의 존재 방식이 삼위일체라는 사실에서 분명하게 드러난다). 그러므로 우리가 그를 우리의 삶의 한 가운데로 초청하며, 우리를 그의 거하시는 처소로 드리기를 원한다면 우리의 삶을 하나님의 존재 방식인 이런 공동체적 삶의 방식으로 바꾸어야 한다.

2. 우리 가운데 그리스도가 드러나는 삶을 살아가기

그리스도가 드러난다는 것은 '그리스도를 경험'한다는 말이다. 이 말은 우리가 지적인 방법으로 그를 알 뿐만 아니라 삶 속에서 그의 드러나심을 직접 체험한다는 말이다. "나를 사랑하는 자는 내 아버지께 사랑을 받을 것이요 나도 그를 사랑하여 그에게 나를 나타내리라"(요 14:21b).

그렇다면 초대교회는 어떻게 이 신비를 삶에 적용할 수 있었을까? 사도행전 2장은 초대교회의 탄생과 급속한 성장의 요인으로 다음 네 가지 사항을 제시한다. 그들은 이 일에 전념하였고 꾸준히 실행하였다.

1. 사도의 가르침
2. 진정한 교제
3. 성찬
4. 합심 기도

위의 네 가지는 다음의 구체적인 세 가지 실천 목표로 요약될 수 있다.
1. 사도들의 가르침을 통해 <u>진리를 깨달음</u>.
2. 진정한 교제와 성찬을 통해 <u>사랑을 경험함</u>.
3. 합심 기도를 통해 <u>능력을 체험함</u>.

초대교회는 위의 실천 목표들에 집중하였고, 그 결과 능력있는 교회가 되었다(행 2:42~47).

이러한 초대교회의 정신을 오늘날의 교회에 적용할 수는 없는가? 물론 본 교재가 모든 것을 해결하는 요술 방망이는 아니다. 그러나 본서는 오늘날의 소그룹 공동체가 초대교회와 같은 진정한 공동체의 모습을 갖추기 위해 반드시 필요한 기본적 원리와 실제적 방법들을 제시하고 있다.

소그룹 공동체란 무엇인가?

1. 우리가 하나님의 삶의 방식을 추구할 때 참된 공동체를 형성할 수 있다.

소그룹 공동체는 단순한 프로그램이나 조직 또는 교회적 차원의 전략이 아니라 하나님 자신의 삶의 방식이다. 그리고 그것은 또한 하나님께서 자기 백성들에게 부여해 주신 삶의 방식이기도 하다(창 1:26). 때문에 만약 소그룹 공동체가 단순한 프로그램(매주 두 시간 등)으로 끝난다면 결국은 아무런 소득도 얻지 못할 것이다. 우리가 추구해야 할 일은 프로그램이 아닌 삶의 방식이다. 그것이 우리의 삶의 방식이 될 때 영원히 지속될 수 있기 때문이다. 그리고 이런 공동체적 삶을 살 때 교회 밖에서도 사랑의 삶을 지속할 수 있게 된다(골 3:12~16). 결국 공동체적 삶의 방식이 아닌 삶은 비정상적인 삶이다. 인류의 모든 문제는 하나님의 삶의 방식을 따르지 않았다는 한 가지 이유에서 비롯되었다. 그리고 이렇게 하나님의 삶의 방식을 따라 사는 데에는 제한된 인원의 소그룹 공동체가 보다 효과적이다.

2. 하나님께서는 우리 가운데 자신을 드러내심으로 우리로 하여금 하나님의 전이 되게 하신다.

하나님은 두 세 사람이 자기 이름으로 모이는 곳에 자신을 드러내시며(마 18:20), 또한 우리가 그의 삶의 방식대로 살 때에 자신을 나타내신다(고후 6:16, 7:1; 엡 2:19~22). 그렇다면 하나님은 어떠한 방식으로 자신을 드러내시는가? 그는 사랑과 능력 및 진리를 통해서 자신을 드러내신다. 먼저 우리는 십자가에 달리신 예수님의 고난에 대해 묵상함으로 그의 사랑을 깨닫게 되고(요일 4:10~12), 둘째로 하나님은 성령의 역사를 통하여 자신의 능력을 드러내시며(고전 12:1~11), 세째로 말씀을 깨닫게 하심으로 그의 진리를 우리에게 나타내신다(요 17:17). 이러한 방식으로 그리스도는 우리에게 임재하시며, 우리에게 임재하신 그리스도는 우리로 하여금 공동체의 삶을 살도록 인도하신다. 그리고 우리 가운데 거하시는 그분을 통하여 우리 안에 실제적인 공동체가 세워질 것이다.

3. 하나님의 삶의 방식을 확장할 때 스스로 번식하는 실제적인 공동체가 형성된다.

하나님의 삶의 방식은 제한된 사람들에 의해 시행될 때 보다 효과적인데, 이 수는 대략 열 둘이다. 제한된 수의 사람들이 하나님의 삶의 방식을 따라 공동체적 삶을 영위하면 숫적인 증가는 자연적으로 따라오게 되어 있다. 소그룹 공동체는 이러한 삶의 방식을 불신자들에게 전하는 데에 모든 초점을 맞추어야 한다. 그러므로 공동체가 번식되기 위해서는 구성원의 수가 아니라, 삶의 방식이 번식되어야 하는 것이다.

따라서 소그룹 공동체는 두 가지로 요약할 수 있다. 하나는 관계적 삶(하나님의 삶의 방식을 자신에게 적용하는 삶)이고, 또 하나는 그리스도를 경험하는 것(하나님께서 자신을 드러내게 함)이다. 번식은 이 두 가지가 이루어지면 자연히 따라오는 결과이다.

가식적인 공동체와 진정한 공동체

가식적인 공동체와 진정한 공동체의 차이점은 무엇인가? 래리 크랩(Larry Crabb)은 그의 저서 『이 땅에서 가장 안전한 장소』에서 가식적인 공동체와 참된 공동체의 차이점이 드러나는 요소로서 안전성, 비전, 지혜 및 능력의 네 가지 요소에서 찾고 있다.

1. 가식적인 공동체

가식적 공동체는 멤버들이 서로를 외적으로만 알고 지내면서 피상적인(생각들, 감정들, 외적행동들) 교제가 있을 뿐이다. 따라서, 그러한 표면적인 동기들, 기억들, 태도들의 근저에 자리잡고 있는 영역들은 성령에 의한 변화가 경험되지 못한다. 그 이유는 서로에 대한 두꺼운 벽이 두 사람을 차단시키고 있기 때문이다. 이들 감추어진 요소들은 정욕의 영향을 받는다. 이와 같이 육신을 따라 사는 삶은 그룹의 갈등만 야기할 뿐이다.

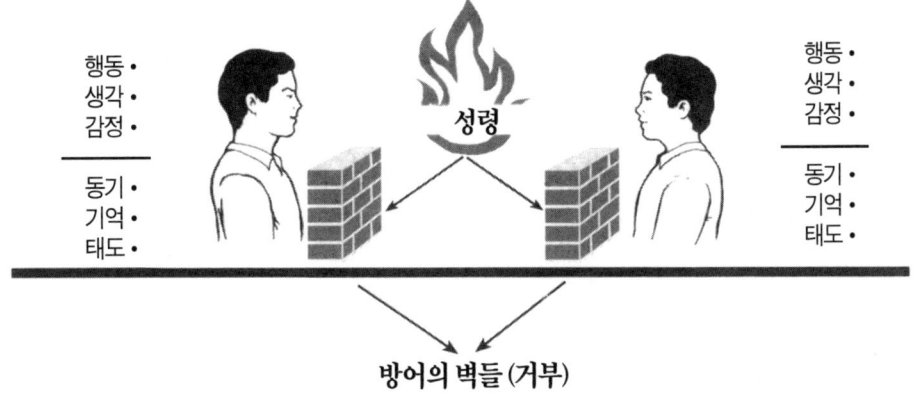

가식적인 공동체에서 발견할 수 있는 네 가지 요소의 내용

안전성 → 네가 만일… 한다면 받아들이겠다는 조건부 용납(거짓 안정).
비　전 → 자신의 유익을 위하여 그룹에 가입함(이기주의적, 분명치 않은 비전).
지　혜 → 성령의 열매와 육신적인 소욕을 구분하지 못함. 중요한 것은 모든 사람이 이러한 교제를 즐기고 있다는 것임(사람의 말과 지혜).
능　력 → 나는 내 힘으로 문제를 해결하고 다른 사람을 변화시키겠다(자신의 힘).

2. 진정한 공동체

반면에 참된 공동체는 모든 구성원들 자신이 가장 안전한 상태에 있기 때문에 서로에 대해 안심하고 자신의 마음을 연다. 그 결과 진정한 교제가 일어나며 성령께서는 자유롭게 치유와 회복을 주신다(요일 1:7). 따라서 표면 아래 감추어진 것들은 서로의 열린 마음을 통해 회복되며 배후에서 이들을 조종하던 육신은 부인된다. 성령께서 모든 구성원 들을 인도하게 되며 이러한 변화는 끝까지 지속된다.

진정한 공동체를 세우기 위해 필요한 네 가지 요소

안전성 → 나는 무조건적으로 너를 받아들이겠다(참된 안정).
비　전 → 고난을 통해 점차 변화하여 그리스도를 닮아 갈 것을 믿는다(공동체의 분명한 비전).
지　혜 → 육신의 정욕을 깨닫고 그것을 장사지내며 성령을 좇아 살도록 서로 도와준다(하나님의 지혜).
능　력 → 상대를 변화시킬 수 있는 힘이 나에게는 없음을 알고 성령께서 나를 통해 능력을 부어주시도록 기다린다(하나님의 힘).

소그룹 공동체의 목적과 목표

목적

우리는 왜 소그룹 공동체의 일원이 되려고 하는가?

우리는 자신의 삶 가운데 하나님의 삶의 방식을 실행하기 위하여 소그룹 공동체에 동참한다. 이는 진정한 공동체를 통해서만 달성될 수 있다. 또한 그리스도의 능력과 사랑과 진리를 우리 가운데 드러나도록 하고 아울러 이러한 삶의 방식을 다른 사람들에게 번식함으로만 가능하다.

목표

소그룹 공동체의 목표는 무엇인가?

1. 그리스도의 제자가 되는 것이다

모든 성도는 그리스도의 종이라는 의식과 참된 사랑을 통하여 그리스도의 충만에까지 이르러야 한다.

2. 성장하는 건강한 소그룹 공동체가 되는 것이다

성장하는 건강한 소그룹 공동체는 항상 하나님의 삶의 방식을 실행에 옮기며 (실제적인 공동체가 된다), 영혼을 구원하며, 새 신자를 돌보며 모든 지체들을 리더로 훈련시킨다.

3. 다른 사람들에게 유익을 주고 복이 되는 소그룹 공동체가 된다

하나님은 공동체를 통하여 복을 주신다. 그러므로 공동체를 통하여 지역 교회, 다른 세대, 지역, 국가 및 모든 나라가 복을 받아야 한다. 소그룹 공동체는 이러한 축복 운동에 동참하여야 한다.

서로 세워주고 섬기는 원리

1. 자신이 안고 있는 문제나 도움을 필요로 하는 사정이 있으면 솔직히 내어 놓는다
- 최근에 겪고 있는 문제들
- 중요한 현안
- 그리스도인의 삶의 원리에 관한 문제(딛 2:1~10; 마 5~7장)

소그룹 공동체의 지도자는 이것들을 취합하여 공동체에서 논의해야 할 대상을 결정한다. 본서의 각 주제들은 이에 대한 영감과 창조성을 제공할 것이다.

2. 다음과 같은 방법을 통해 문제를 해결하고 필요를 채워준다
- 사랑을 경험하게 한다.
- 능력을 경험하게 한다.
- 진리를 경험하게 한다.

공동체의 지체가 자신의 문제나 필요를 말하면 그것을 해결하고 채워주기 위해 모두가 최선을 다해야 한다. 하나님의 사랑으로 권면하거나, 영적 은사를 통해 하나님의 능력을 나타내거나, 자신의 경험을 통해 체험한 하나님의 진리로 깨닫게 할 수 있다. 모든 지체는 사랑과 능력과 진리로 서로를 세워주는 전문가가 되어야 한다(고전 14:26; 골 3:16; 행 2:42).

소그룹 공동체를 통한 경험적 학습

LIFE의 원리를 활용한다.
L(Live): 살아 있는 경험을 나눔(대언의 영, 계 19:10).
I(Inspirational): 영감 있는 '실천 과제' (Group Discovery).
F(Finding): 진리에 대한 적용.
E(Experiencing): 모든 감각을 통한 경험.

본서의 활용 방법

1. 삶의 방식
지금까지 살펴본 소그룹 공동체의 기본적 원리들을 배우고 실행에 옮긴다. 가장 큰 어려움은 프로그램의 운영이 아니라 공동체적 삶의 방식을 실천하게 하는 것이다.

2. 유연하고 효과적인 진행
소그룹 공동체의 모임은 다음과 같은 내용을 중심으로 진행된다.

 **환영(Welcome)**

1) 아이스브레이커(Ice-Breakers)
서로간의 서먹서먹함을 풀고 부드러운 분위기를 조성하기 위한 '아이스브레이크'는 주제에 따라 시행 여부를 결정한다. 이 시간은 상황과 조건에 따라 실시하며, 만일 이미 서먹서먹함이 풀려 적절한 분위기가 되었다고 판단되면 생략할 수도 있다.

2) 목적과 사명(Purpose and Commitment)
소그룹 공동체가 살아남을 수 있는 한 가지 비결은 목적과 목표와 사명을 분명히 하는 것이다. 공동체의 비전과 목적은 모일 때마다 상기시키는 것이 좋다(공동체의 목적과 목표를 읽어 주라). 비전은 분명하고 창조적이며 지속적으로 강조되어야 하고, 한달에 한 번 정도는 목적과 목표와 사명에 대해 의견을 나누어야 한다(나누는 시간은 5분을 넘지 않도록 한다). 3개월 마다 한 번씩 본 교재의 제1과(소그룹 공동체의 의미)와 2과(소그룹 공동체의 목적)에 대해 토의한다. 그것이 끝나면 모임 때마다 목적과 목표 가운데 한 부분(예를 들어 왜 우리는 소그룹 공동체에 동참해야 하는가?)에 대해 토의한다. 소그룹 공동체의 지도자는 목적과 목표 및 사명 중 어느 부분을 다루어야 하는지 결정해야 한다.

  **경배(Worship)**

경배는 단순히 찬송만 부르는 것이 아니라 그리스도의 죽으심에 대해 깊이 묵상하고 그의 부활에 대해 기뻐함으로 영적 만남을 경험해야 한다. 모든 구성원은 하나님에 대해서는 제사장으로서, 사람에 대해서는 선지자로서 하나님께 경배한다. 즉, 선지제사장적 경배의 원리로 시행한다(2001년에 출간된 사미톤(Samiton Pangellah)의 『예배의 혁명』(도서출판 NCD)을 꼭 읽어보기 바란다).

 **말씀(Word)**

• 경험과 토론을 통한 학습

각 세부 항목('그룹 활동'이나 '함께 생각할 내용' 등)의 내용에 대해 철저히 숙지한다. 이 시간은 보다 흥미롭고 창조적인 나눔의 시간이 될 뿐만 아니라 '경험을 통한 배움'의 효과도 가져다 줄 것이다. 이 시간에 받은 자극을 통해 구성원들은 즉시 본 주제로 옮길 준비를 갖추게 된다. 서로 간의 허물없는 열린 대화는 그리스도의 사랑과 능력과 진리를 자연스럽게 흘러 들어가게 하는 비결이 된다.

• 가르침

소그룹 공동체의 리더는 이 부분의 내용에 대해 더욱 많이 연구해야 한다(이에 관한 자세한 내용은 소그룹 리더 안내 지침서에 나와 있다). 그러나 모임 중에 이미 앞으로 그룹이 지향할 '전도와 실천'의 방향이 제시되어 있는 경우 그것을 위해 별도의 시간을 가질 필요는 없다. 만일 토의 내용이 잘못된 방향으로 흐를 경우 리더는 지침서에 따라 바르게 지도할 필요가 있다(그러나 긴 설교는 절대 금물이다).

 **사랑과 능력에 대한 경험(Power & Love Encounter)**

• 간증과 서로 사역하기

말씀 경험시간에 하나님께서 자신에게 역사하신 일이나 성령님의 임재 경험 등을 간증하는 것은 매우 중요하다. 주님을 영화롭게 하는 간증들은 서로를 세워 주는 과정 가운데 대언(예언)의 영(계 19:10)을 위한 길을 열게 될 것이다. 사랑에 대한 경험은 능력에 대한 경험과 매우 밀접한 관계를 가진다. 사역과 섬김의 시간에는 서로가 받은 모든 영적 은사, 즉 로마서 12장 6~8절에 언급된 사역적 은사나 각양 다른 성령의 은사(고전 12:7~11)를 통해 서로를 격려하고 섬기며 세워야 한다. 이러한 은사들은 모두 다른 사람들의 필요를 채워주는 데 사용된다.

• 성찬

성찬의 원리는 그리스도의 구속 사역(십자가)을 되새기며 주의 피를 범하는 공동체의 죄(고전 11:17~34)를 고백하는 데 있다. 만일 교회에서 공동체의 성찬을 허락하지 않는다면 주일 경배를 통하여 성찬을 행하면 된다. 대속의 은혜를 기억하며 공동체의 죄를 고백하는 것은 반드시 떡과 포도주가 없어도 되며, 공동체의 필요에 따라 얼마든지 자주 행할 수 있다.

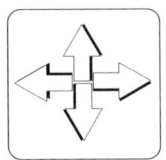 ### 전도와 실천(Work)

또 한 가지 중요한 것은 불신자에 대한 전략이다. 공동체의 모든 활동은 궁극적으로 다른 사람에게 유익과 축복이 되며 그들의 영혼을 구원하는 데에 초점을 맞추어야 한다. 그러므로 공동체는 모일 때마다 이것을 상기시키며 복음을 전하고 전도하는 일에 최선을 다하여야 한다. 또한 그리스도를 전할 전도 대상자의 명단을 놓고 날마다 기도하는 것을 잊어서는 안 된다.

이상의 여섯 가지 항목은 물 흐르듯이 자연스럽게 진행되어야 한다. 그러나 이 순서는 상황에 따라 적절히 조절될 수 있다.

3. 주일 설교

주일 설교 내용을 소그룹에서 나누고자 할 때는 본 교제 맨 끝의 '주일 설교'를 참조하기 바란다.

1 소그룹 공동체의 의미

 환영(Welcome)

아이스 브레이커
지난 주 중 가장 인상 깊었던 사건은 무엇인가?

 **경배(Worship)**

찬송

 말씀(Word)

1) 그룹 활동
"도와 주세요… 나는 잘 몰라요."

다음 세 가지 질문을 세 사람 이상에게 물어보고 가장 좋은 대답을 찾아낸다.
1. 왜 소그룹 공동체에 들어 왔는가?
2. 소그룹 공동체를 하나의 프로그램으로 생각하는가?
3. 소그룹 공동체를 프로그램이 아니라 삶 그 자체라고 생각하는가?

2) 지도
가장 많은 질문을 한 사람에게 선물을 준다.

3) 토의
토의 1: 지금까지 잘못된 동기로 소그룹 공동체에 참석한 적이 있는가? 그 결과는 무엇이었는지 자신의 경험을 말해보라.

토의 2: 소그룹 공동체에 동참하게 된 진정한 목적은 무엇인가?

토의 3: 성경은 공동체로 모이는 목적에 대해 무엇이라고 말하는가?(마 18:19~20; 요 17:21~23)

토의 4: 경건한 삶은 어떤 것인가? 에베소서 4장 25~32절의 예를 들어보라.

4) 간증
에베소서 4장 25~32절의 경건한 삶을 실천함으로 받은 복된 경험이 있으면 함께 나눈다.

5) 서로 사역하기
자신이 받은 모든 은사를 동원하여 서로의 필요한 부분에 대해 기도하고 채워준다.

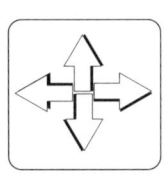

 전도와 실천(Work)

어떻게 하면 하나님의 삶의 방식을 다른 사람들에게 전하여 그들의 영혼을 구원할 것인가?

묵상
한 주간 동안 어떻게 하나님의 삶의 방식을 실행할 것인가?

2 소그룹 공동체의 목표

 환영(Welcome)

아이스 브레이커
성도로서 가장 바라는 것이 있다면 무엇인가?

  경배(Worship)

찬송

 말씀(Word)

1) 그룹 활동
<u>다음 질문에 대해 창조적인 관점에서 대답하라.</u>

소그룹 공동체를 세 그룹으로 나누고 다음 질문에 대해 창조적으로 답하게 한다(몸짓이나 노래 또는 판토마임으로 해도 되고 그 외 다른 재미있는 방법으로 이야기 할 수도 있다).

1. 자신이 속한 소그룹 공동체의 세 가지 목표(비전)에 대해 설명해 보라.
2. <u>건강한 소그룹 공동체의 특징은 무엇이라고 생각하는가?</u>

2) 토의

토의 1: 소그룹 공동체의 목표(또는 비전)에 대해 가능한 많은 질문을 하고, 제기된 질문에 대해서는 함께 대답함으로써 그 내용을 보다 깊이 이해하라.

토의 2: 소그룹 공동체의 비전을 어떻게 성취할 것인가?

3) 간증

소그룹 공동체를 통하여 어떻게 자신의 삶이 축복을 받았으며, 변화를 경험하였는지에 대해 함께 나눈다.

4) 서로 사역하기

공동체 내에 도움이 필요한 사람이 있는가? 함께 기도하며 각자가 받은 은사에 따라 권면한다.

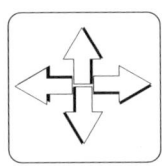 **전도와 실천(Work)**

소그룹 공동체의 목적을 달성하기 위한 공동계획을 작성한다. 1~5년 계획을 수립한다.

묵상

소그룹 공동체의 목적을 달성하고자 하는 열정을 유지하는 비결은 무엇인가?

3 소그룹 공동체의 실체

 환영(Welcome)

아이스 브레이커
하나님의 살아계심을 언제 어떻게 경험하였는가?

 경배(Worship)

찬송

 말씀(Word)

1) 그룹 활동
'질문(공) 주고받기'

소그룹 공동체의 리더는 멤버 중 한 명에게 공을 던진 후 반드시 아래의 질문 중 한 가지를 물어본다. 만일 상대가 대답하지 못하면 질문(공)은 다른 사람에게 가며 정답이 나올 때까지 계속된다. 한 가지 질문에 대한 답변이 끝나면 다른 질문을 시작한다.
1. '그리스도를 경험한다' 는 말의 의미가 무엇인가?
2. 그리스도를 경험할 수 있는 다양한 방법에는 어떠한 것이 있는가?
3. 관계를 세우는 구체적인 사례를 들어보라.

2) 지도
소그룹 공동체의 목적은 그리스도를 경험하고 서로 관계를 세우며 하나님의 삶의 방식을 실행하는 것이다.

3) 토의

토의 1: 소그룹 공동체로 모일 때 어떤 일이 일어나기를 바라는지에 대해 진지하게 말해보라.

토의 2: 초대교회가 소그룹으로 모였을 때 어떠한 일이 일어났는가?(고전 14:24~26)

토의 3: 초대교회는 성도 간에 어떠한 관계를 형성하고 있었는가?(벧전 4:8~11)

4) 간증
그리스도에 대한 경험 및 관계적 삶을 통해 자신의 삶이 어떻게 변화되었는지에 대해 함께 나눈다.

5) 서로 사역하기
자신이 받은 모든 은사를 동원하여 친구들을 위하여 기도하고 사역한다.

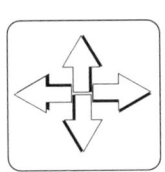 **전도와 실천(Work)**

상기 원리(그리스도를 경험하고 관계를 세우기)를 생활화함으로 불신자들의 영혼을 구할 수 있는 방안을 모색한다.

4 관계 세우기

 **환영(Welcome)**

1) 아이스 브레이커
- 가장 좋아하는 동물은 무엇이며 이유는 무엇인가?
- 가장 좋아하는 색은 무엇이며 이유는 무엇인가?

2) 헌신
진정한 공동체를 세우기 위해 모든 구성원이 반드시 숙지해야 할 네 가지 헌신은 무엇인가?

 **경배(Worship)**

찬송

 **말씀(Word)**

1) 그룹 활동
공동체를 두 그룹으로 나누고 서로의 손목을 약 30초간 굳게 잡게 한다.

2) 토의
토의 1: 만일 손목을 끈으로 묶어 피가 통하지 않게 한다면 어떻게 되겠는가?

토의 2: 그리스도의 지체로서 다른 지체들과의 관계를 방해받는다면 어떻게 할 것인가?

토의 3: 골로새서 3장 1~17절을 읽은 후 다음 질문에 대해 진지하게 토의하라.
1. 당신의 감추어진 생명은 어디 있는가? (1~4절)
2. 감추어진 새 생명의 역사를 방해하는 것은 무엇인가? (5~11절)
3. 감추어진 새 생명이 살아 역사하도록 하는 것은 무엇인가? (12~17절)

3) 간증
관계적 삶을 통해 그리스도의 생명(치유, 기적, 회복 및 축복)이 어떻게 각자에게 적용되는지에 관해 서로 의견을 나눈다.

4) 서로 사역하기
서로의 삶을 채워주기 위해 필요한 것이 무엇인지 발견하라. 친밀한 교제를 통해 그리스도의 생명을 나누어 줌으로 회복하게 해야 한다.

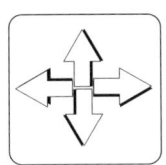 **전도와 실천(Work)**

소그룹 공동체를 통해 서로의 관계를 보다 깊이 할 수 있는 방법을 찾아 시행한다.
그리스도의 생명을 넘치게 하여 영혼을 건질 수 있는 방법을 찾아 시행한다.

과제
적어도 한 사람 이상과 관계 형성을 위한 실제적 방법(기도, 고충 듣기, 격려, 상대방의 긍정적인 면 찾기 등)을 실행하라.

5 최우선 순위

 **환영(Welcome)**

1) 아이스 브레이커
남자와 여자 가운데 누가 쉽게 친구를 사귀는가? 그 이유는 무엇인가?

2) 목적과 목표
삶의 방식으로서의 관계 세우기의 의미에 대해 창조적으로 의견을 나누고 실제적인 예를 들어라.

  **경배(Worship)**

찬송

 **말씀(Word)**

1) 함께 생각할 내용
하워드 하기스(Howard Hughes)의 인생 이야기

하워드 하기스는 세계에서 가장 부유한 사람이었다. 그럼에도 불구하고 그는 행복이라고는 모른 채 평생을 불행하게 살았으며, 결국 미치고 말았다. 그는 말년에 라스베가스, 니카라과, 아카풀코의 호텔을 전전하며 살았다. 수염은 치렁치렁하고 머리는 등 뒤까지 땋았으며 손톱은 한 번도 깎지 않아 보기 흉했다. 왜 그렇게 되었는가? 하기스는 다른 사람과 어떻게 관계를 형성해야 할지 몰랐다. 그는 세상에서 가장 아름다운 여인인 장 피터(Jean Peter)와 결혼하였다. 그러나 그는 여

자를 성적 대상 내지는 개인 비서로 밖에 생각하지 않았다. 결국 하기스는 1970년에 이혼하고 말았다(알렌 로이 'Alans Loy. Mc Ginnis'의 『우정의 요소』에서 발췌).

2) 경험
소그룹 공동체를 두 그룹으로 나눈다. 다음 질문에 대해 서로 대답하며 진지하게 논의한다.

그룹 1: 하워드 하기스는 자신에게 친한 친구가 없다는 사실에 대해 어떻게 생각했을까?

그룹 2: 아내를 비롯한 다른 사람들은 하워드 하기스에 대해 무슨 생각을 가졌을까?

3) 토의
토의 1: 관계를 세우지 못하는 사람들은 왜 비정상적이 되는가? (약 3:13~18)

토의 2: 성도들 가운데 친구가 적은 이유와 많은 이유는 무엇인가? 하나님의 형상으로 지음을 받은 모든 성도들은 관계적 삶을 살 수 없는가? 모든 성도들은 같은 양의 시간을 받지 않았는가?

4) 간증
관계를 형성한다는 것은 쉽지 않은 일이다. 이것을 인생의 최우선 순위에 두지 않는다면 진정한 우정을 가지지 못할 것이다. 관계는 자동적으로 형성되지 않는다. 이에 대해 간증하라.

5) 서로 사역하기
관계 형성에 어려움을 겪고 있는 친구가 있다면 이를 위해 기도하라. 주께서 주신 은사를 통해 서로 사역하라.

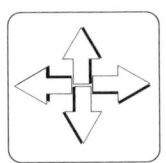 전도와 실천(Work)

자신의 인생에서 어떻게 관계 세우기를 최우선 순위에 둘 것인지에 대해 나누라.

6 무조건적 용납

 환영(Welcome)

1) 아이스 브레이커
자신의 긍정적인 면과 부정적인 면에 대해 한 가지씩 이야기하라.

2) 목적과 목표
왜 우리는 소그룹 공동체의 일원이 되려고 하는가?

 경배(Worship)

찬송

 말씀(Word)

1) 함께 생각할 내용

시나리오 1: 친한 친구가 소그룹 공동체에서 내가 하는 일이 잘못되었다고 생각하거나 좋지 않은 면을 발견하여 나에 대한 태도를 갑자기 바꾸었다면 어떻게 하겠는가?

시나리오 2: 어느 날 신뢰했던 친구 중 한 명이 죄를 범했다는 말을 들었다면 당신은 어떻게 할 것인가?

2) 토의

토의 1: 자신이 위의 두 경우에 처했다면 어떻게 할 것인지 솔직하게 이야기 해보라.

토의 2: 다른 사람을 있는 그대로 받아들인다는 것이 왜 어려운가?

토의 3: 다른 사람을 어떻게 받아들여야 하는가? (롬 15:7)

3) 간증

경험에 비추어 볼 때 다음의 경우 어떻게 하겠는가?
1. 다른 사람으로부터 거절당한다는 느낌이 들때 어떻게 극복하겠는가?
 (시나리오 I)
2. 다른 사람을 있는 그대로 받아들이겠는가? (시나리오 II)

4) 서로 사역하기

로마서 15장 7절을 실천하라. 소그룹에서 누구에게도 말하지 않은 죄나 자신의 약점에 대해 나누라. 한 사람이 말한 후 다른 사람이 그것을 용납한다는 의사 표시를 하라(예를 들어 나는 주께서 당신을 용납하고 받으심같이 당신을 받아들입니다). 그리고 그를 위하여 기도하라.

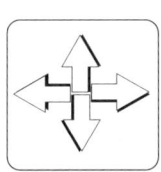  **전도와 실천(Work)**

어떻게 하면 무조건적 용납을 통해 다른 사람과의 관계를 형성하며 그들에게 축복이 될 수 있는가?

7 그리스도의 눈으로 보기

 환영(Welcome)

1) 아이스 브레이커
친구가 성공하는 것을 보면 어떤 생각이 들며 실패하는 것을 보면 어떤 생각이 드는가?

2) 헌신
진정한 공동체를 세우기 위해 모든 구성원이 반드시 숙지해야 할 네 가지 헌신은 무엇인가?

 경배(Worship)

찬송

 말씀(Word)

1) 함께 생각할 내용
옛날에 한 왕이 있었는데 그는 자신의 아들을 가르치기 위해 수십 명의 선생들을 뽑았다. 그러나 하나같이 실패하였다. 그러던 어느날 한 선생이 그를 바른 길로 인도하여 왕으로서의 자격을 갖추게 하였다. 그 선생은 자신의 성공 비결을 이렇게 말하였다. "다른 선생들은 아이의 잘못된 점만 찾으려 하였으나 나는 항상 그를 왕의 아들로서 보았습니다. 나는 그가 왕으로서의 자격이 부족하다고 생각지 않고 그는 장차 왕이 되실 분이라고 생각했습니다."

2) 토의
토의 1: 지체 가운데 도저히 받아들이기 힘든 약점이나 단점을 가지고 있는 사람이 있는가?(그들의 이름은 거명하지 않은 채)그것에 대해 어떻게 생각하는지 이야기 하라.

토의 2: 다른 사람의 나쁜 점은 금방 눈에 띄면서도 그의 좋은 점은 쉽게 발견하지 못하는 이유가 어디 있다고 생각하는가?

토의 3: 다른 사람에 대해 어떠한 시각으로 바라볼 것인가? 다른 사람에 대해 어떻게 평가해야 하는가?(고후 5:16~17)

토의 4: 하나님은 당신을 어떻게 보시는가? 우리는 하나님 앞에서 어떠한 자들인가?(골1:21~22)

3) 서로 사역하기
하나님의 말씀과 간증과 예언적 말씀과 영적 은사들을 통해 아직도 그리스도의 눈으로 상대를 바라보지 못하는 사람을 권면하라(공동체의 모든 지체가 한 사람을 위해 협력 사역하라).

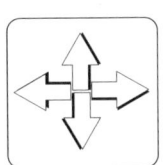 전도와 실천(Work)

이 주제 안에서 불신자를 그리스도께 인도하고 자신에게 축복이 될 수 있는 방법은 무엇인가?

과제
주변에 있는 지체들을 그리스도의 눈으로 바라보려고 노력하라.

8 훌륭한 발견자가 되기

1 환영(Welcome)

1) 아이스 브레이커
자신의 장점과 단점에 대해 두 가지씩 이야기하라.

2) 목적과 목표
왜 모든 공동체는 번식되어야 하는가? 번식되어야 한다는 것은 구체적으로 어떤 것인가?

2 경배(Worship)

찬송

3 말씀(Word)

1) 그룹 활동
- 씨(사과씨 등)를 가져와 한 가운데 놓고 모든 사람에게 자세히 관찰하라고 말한다.
- 공동체를 3~4그룹으로 나누고 최대한 상상력을 발휘하여 이 씨로부터 무엇을 기대할 수 있을지 생각하게 하라. 예를 들어 이 씨로부터 꽃이 피고 열매가 맺어 사람들의 식량이 될 수도 있으며 열매의 씨는 다시 심겨질 수도 있다. 그룹별로 자신의 생각을 나누게 한다. 어느 그룹이 가장 좋은 결과를 제시하였는지 심사한다.

2) 토의

토의 1: 그룹 활동을 통해 배운 것이 무엇인가?

토의 2: 이 씨의 부정적인 면만 생각한다면 어떠한 결과가 나오겠는가?

토의 3: 중생한 자는 그리스도의 씨를 가지고 있다(요일 3:9). 그룹 활동을 통해 얻은 교훈에 따르면 다른 신자들을 어떻게 바라보아야 한다고 생각하는가?

3) 간증

다른 사람에 대한 부정적인 시각을 하나님께서 어떻게 변화시켜서 긍정적인 면을 바라보도록 하였는지에 대해 간증한다.

4) 서로 사역하기

공동체를 3~4개의 그룹으로 나누고 서로 새로운 피조물로서 좋은 점을 보도록 한다(고후 5:15~17). 동일한 생각을 친구들에게도 적용해 본다.

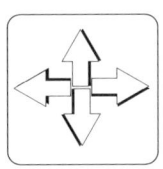 **전도와 실천(Work)**

이 원리를 어떻게 적용해야 소그룹 공동체 안팎으로 축복이 될 수 있을 것인가?

과제

이 원리를 가정이나 학교 또는 직장이나 다른 공동체에서 실행해 보라.

9 공동체의 죄

1 환영(Welcome)

1) 아이스 브레어커

신자가 죄를 지을 수 있는가? 그렇다면 신자와 불신자가 범하는 죄는 어떻게 다른가?

2) 목적과 목표

하나님의 삶의 방식은 무엇인가? 우리는 그것을 어떻게 매일의 삶에 적용할 수 있는가?

2 경배(Worship)

찬송

3 말씀(Word)

1) 함께 생각할 내용

공동체의 한 지체로부터 상처를 받았다고 생각해보라. 당신은 그에게 마음의 상처를 입고 원한을 가지게 되었으나 상대는 전혀 사과할 생각을 않는다. 비록 사소한 일로 시작하였으나 그에 대한 실망은 점차 커지게 되고 결국 자신만 바르다고 확신하게 된다. 얼마 후 당신은 마음에 깊은 상처를 안고 공동체를 떠나게 된다.

2) 토의

토의 1: 이와 유사한 경험을 한 적이 있는가? 서로의 경험을 나누라. 그 때의 느낌은 어떠했는가?

토의 2: 만일 누군가 공동체에 실망한 나머지 결국 공동체를 떠난다면 어떻게 생각하겠는가?

토의 3: 공동체 내의 죄에 대해 어떻게 할 것인가? (골 3:8~11; 약 3:16; 5:16)

3) 간증

공동체의 죄에 대해 하나님께서 어떻게 극복하게 하셨는지 의견을 나누라.

4) 서로 사역하기

우리가 우리의 죄를 서로에게 고백하고 섬길 때, 우리 삶의 모든 영역에서 치유함을 경험하게 될 것이다. 우리의 관계를 통해서 그리스도의 삶이 흘러 나가기를 기도하라.

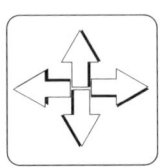 **전도와 실천(Work)**

불신자 리스트를 서로 나누고 그들을 위해 함께 기도한다.

10 진정한 공동체 세우기

 환영(Welcome)

1) 아이스 브레이커
자신의 인생에서 가장 크게 영향을 받은 우정에 대해서 의견을 나누라.

2) 목적과 목표
모든 소그룹 공동체의 목표는 무엇인가? 창조적인 관점에서 답하라.

 경배(Worship)

찬송

 말씀(Word)

1) 그룹 활동
공동체를 두 그룹으로 나누라(A와 B). A는 형식적인 공동체에 대해, B는 진정한 공동체에 대해 토론한다. 각 그룹은 토론의 결과를 드라마를 통해 발표해야 한다. 즉 두 그룹은 참 공동체와 형식적인 공동체에 대한 드라마를 각각 준비한다.

2) 토의
토의 1: 그룹 활동을 통해 배운 것이 무엇인가? 참 공동체와 형식적인 공동체의 가장 큰 차이점은 무엇인가?

토의 2: 성경은 형식적인 공동체의 특징에 대해 무엇이라고 말하는가? 성경은 또한 그 원인을 무엇이라고 말하는가? (약 4:1~4; 갈 5:19~21)

토의 3: 진정한 공동체의 특징은 무엇이며 그 원인은 무엇인가? (갈 5:22~26)

3) 간증
하나님은 가식적인 공동체를 어떻게 진정한 공동체로 바꾸어 주셨는가? 성공과 실패에 관한 자신의 경험을 말해보라.

4) 공동의 다짐
진정한 공동체의 요소들에 대해 숙지한 후 아래의 4가지 사항에 대해 다짐하라.

안전성 → 나는 무조건적으로 너를 받아들이겠다(참된 안정).

비 전 → 나는 고난을 통해 점차 변화하여 그리스도를 닮아 갈 것을 믿는다.

지 혜 → 육신의 정욕을 깨닫고 장사지내며 성령을 좇아 살도록 서로 도와준다.

능 력 → 상대를 변화시킬 수 있는 힘이 나에게는 없음을 알고 성령께서 나를 통해 능력을 부어주시도록 기다린다.

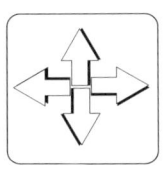 **전도와 실천(Work)**

진정한 공동체를 세우기 위한 방법에 대해 논의하고 계획을 세우라. 또 다른 진정한 공동체를 번식시킬 수 있는 목표를 정하라.

묵상
진정한 공동체를 세우기 위해 할 수 있는 일이 무엇인지 생각해 보라.

11 기도하는 집 (마 21:23~27)

 환영(Welcome)

1) 아이스 브레이커
자신의 인생에 가장 큰 영향을 주었던 기도에 대해 의견을 나누라. 왜 그렇게 생각하는가?

2) 목적과 목표
자신이 속한 소그룹 공동체의 목표는 무엇인가? 창조적인 관점에서 이야기해 보라.

 경배(Worship)

찬송

 말씀(Word)

1) 그룹 활동
다음 구절을 읽고 '집' 은 무엇을 뜻하는지에 대해 토의하라.

- 유령의 집(a haunted house) = 유령이 많이 있는 집
- 여관(a guest house) = 여행자가 많은 집
- 교도소(a prison house) = ...
- 기도의 집(a house of prayer) = ...

2) 토의

토의 1: 왜 교회(소그룹 공동체)는 복음의 집이나 목회하는 집이라고 불리지 않고 '기도하는 집' 이라고 불리는가?

토의 2: 마태복음 21장 12~17절을 읽어보라. 본문은 하나님의 집을 기도하는 집이라고 불렀다. 당시 하나님의 집은 어떠하였는가? 예수님께서는 자신의 집을 기도하는 집으로 회복시키기 위해 무슨 일을 하셨는가?

토의 3: 만일 공동체가 함께 모여 기도하는 일이 거의 없다면 어떻게 될 것인지 토의해 보라.

토의 4: 사람들은 기도는 지루하다고 말한다. 이사야 56장 6~8절을 읽어보고 여호와께서는 기도하는 집(7절 상반절)에 대해 무엇을 약속하셨는지 함께 생각해 보라. 만일 우리가 기도하는 집이 된다면 하나님께서는 어떻게 해 주신다고 말씀하셨는가? (6절 및 8절)

3) 토의

하나님께서는 개인적 기도나 공동체의 기도에 대해 어떻게 응답하셨는지 서로 나누라.

4) 기도의 실천

자신의 공동체를 기도하는 집으로 만들라. 능력있는 기도를 하라.

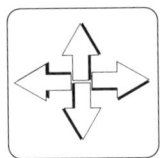

 4 전도와 실천(Work)

성찬을 하기 전 모든 지체는 공동체를 기도하는 집으로 만들겠다고 다짐하라. 주님께 자신의 집을 정결케 하도록 맡기고 다음 세 가지를 위하여 기도하라.
- 공동체가 기쁨이 가득한 기도의 집이 되도록.
- 낙심하여 뒤로 물러난 자가 다시 돌아오며 믿지 않는 불신자가 찾아오도록 (사 56:6, 8).
- 아직 기도하기를 좋아하지 않는 지체가 새로운 계기를 마련하도록.

12 기도의 정의

 환영(Welcome)

1) 아이스 브레이커
기도는 하나님과의 대화라고 말하는 사람들이 많다. 여러분의 의견은 어떤가?

2) 목적과 목표
자신이 속한 소그룹 공동체의 목적은 무엇인가? 명확하게 그리고 창조적으로 나누라.

 **경배(Worship)**

찬송

 말씀(Word)

1) 기도 제목 나누기
둘씩 짝을 지어 최근에 직면하고 있는 문제에 대해 서로 나누라.

2) 기도의 실천
2~3개의 그룹으로 나뉘어 하나님의 도움을 가장 필요로 하는 사람을 위하여 기도하라. 다음 단계를 따르라.
1. 그들을 인정하고 그들의 감정에 민감하라.
2. 마음에 들려오는 성령의 음성에 민감하고 주님의 뜻에 합당한 기도를 하라. 성령께서 하나님의 말씀을 통하여 약속이나 확신 또는 필요한 구절을 주실 것이다.

3. 영적 은사에 따라 사역하라. 성령께서 인도하시는 대로 돌아가며 기도하라.

3) 경험 나누기
자신이 경험한 고난의 시기를 어떻게 지나왔는지에 대해 진실하게 나누라. 무슨 교훈을 배웠는가?

4) 토의
토의 1: • 기도의 진정한 의미는 무엇인가?
　　　　• 하나님으로부터 어떤 기도 응답을 받았는가? (요일 5:14~15; 약 4:2~3)

5) 간증
하나님의 뜻에 합당한 기도를 한 경험에 대해 서로 나누라.

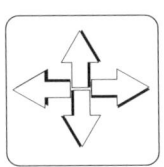
 전도와 실천(Work)

잃어버린 자를 위한 기도가 하나님의 뜻에 합당한가? (딤전 2:3~4)

13 기도의 응답에 대한 보장
(엡 3:20)

1 환영(Welcome)

1) 아이스 브레이커
우리가 하나님과 대화할 수 있는가? 그 이유는 무엇인가?

2) 목적과 목표
소그룹 공동체에 참가하는 가장 중요한 이유는 무엇인가?

2 경배(Worship)

찬송

3 말씀(Word)

1) 함께 생각할 내용
죠지 뮬러(George Müller)는 응답 받는 기도로 유명한 하나님의 사람이었다. 그는 누구의 도움도 없이 혼자 힘으로 큰 고아원을 운영하였다. 하나님께서는 그의 기도에 수만 번이나 응답하셨다. 그 중에는 한 오래된 친구가 그리스도를 믿게 해 달라는 기도도 있었다. 뮬러가 수십 년간 기도를 한 그 친구는 결국 뮬러의 장례식 날 예수를 믿게 되었다. 뮬러의 기도는 응답받지 못한 것이 없다.

2) 경험 나누기

하나님으로부터 기도의 응답을 받은 적이 있는가? 기도의 응답을 받은 순간의 느낌에 대해 말해보라.

3) 토의

토의 1: "하나님은 기도의 응답 외에는 아무것도 하지 않으신다"는 죤 웨슬리(John Wesley)의 말에 대해 어떻게 생각하는가?

토의 2: 하나님께서 확실하게 응답해 주시는 기도는 어떤 것인지 찾아보라(약 4:2~3; 요일 5:14~15).

4) 간증

자신이 경험한 응답받은 기도에 대해 나누라.

5) 서로 사역하기

서로를 위해 기도하고 자신이 배운 기도의 원리대로 실행하라.

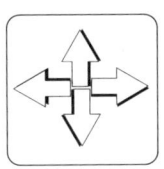

 4 전도와 실천(Work)

자신이 기도하고 있는 목록을 작성해 보라. 기도를 시작한 날과 응답받은 날을 적어라. 하나님께서 어떻게 기도에 응답하셨는지 볼 수 있을 것이다.

NO	제목	시작일	응답일
1	아버지의 구원	1999. 5. 7.	2002. 12. 10

14 주기도문

 **환영(Welcome)**

1) 아이스 브레이커 1
올해 가장 인상에 남아 있는 기도에 대해 말해보라. 그 이유는 무엇인가?

 **2) 목적과 목표**
소그룹 공동체에 참가하는 이유는 무엇인가? 자신이 속한 소그룹 공동체의 목표는 무엇인가?

 **경배(Worship)**

찬송

 **말씀(Word)**

1) 그룹 활동
주기도문에 나타난 하나님의 능력을 경험하라. 모든 지체들은 돌아가며 한 사람씩 기도한다. 주기도문은 단순히 외우는 기도가 아니라 주제와 원리 및 정해진 순서가 있다.

1. 하늘에 계신 우리 아버지여 (교제)
2. 이름이 거룩히 여김을 받으시오며 (영광)
3. 나라이 임하옵시며 뜻이 하늘에서 이루어진 것같이 땅에서도 이루어지이다 (우선권)
4. 오늘날 우리에게 일용할 양식을 주옵시고 (섭리)

5. 우리가 우리에게 죄지은 자를 사하여 준 것같이 우리 죄를 사하여 주옵시고(고백과 용서)
6. 우리를 시험에 들게 하지 마옵시고 다만 악에서 구하옵소서 (보호와 인도)
7. 대개 나라와 권세와 영광이 아버지께 영원히 있사옵나이다(고백과 영원한 통치권).

2) 아이스 브레이커 2
주기도문을 통해 자신이 경험한 것을 나누라.

3) 토의
주기도문에 나타난 원리들을 통해 무엇을 깨달았는가?

4) 가르침

5) 실천 과제
소그룹 공동체가 보다 건강하게 되고 적어도 향후 1~2년 안에 번식할 수 있는 실질적인 방법에 대해 의견을 나누라.

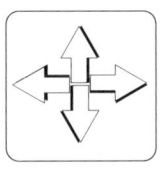 전도와 실천(Work)

매일 주기도문을 외우고(단순한 암기가 아니다!) 실천에 옮겨라.

15 성령 안에서의 기도

 **1 환영(Welcome)**

1) 아이스 브레이커
가장 좋았던 기도와 지루했던 기도에 대해 말해보라. 언제 어디서였는가?

2) 헌신
진정한 공동체를 세우기 위해 모든 구성원이 반드시 숙지해야 할 네 가지 헌신은 무엇인가?

 **2 경배(Worship)**

찬송

 **3 말씀(Word)**

1) 그룹 활동
하늘에 계신 아버지의 선하심에 생각을 집중하라. 그리고 그의 자녀임을 감사하라. 자신의 죄를 고백하라. 죄가 하나님과의 교통을 가로막고 있지는 않았는가? 다음과 같은 방법으로 기도하라.

1. 잠잠히 기다리라(시 46:10).
2. 기도할 필요가 있는 내용에 대해 성령님께서 주시는 느낌(영적 느낌이나 말씀을 통해)을 깨닫는다.
3. 그 내용에 대해 간절히 기도한다.

2) 토의

토론 1: 예수님은 주기도문을 통해 무엇을 가르치고자 하셨는가?

토의 2: 기도의 주체는 누구라고 생각하는가? 자신인가 성령님인가?
자신의 사정을 누가 더 잘 알고 있는가? 무엇을 어떻게 기도해야 하는가?
(롬 8:26~27)

가르침 1

토의 3: 영으로 기도한다는 말이 무슨 의미인가? 성경적 원리를 말해보라. 영으로 기도하는 원리를 주기도문에 적용한다면 어떤 식으로 기도해야 할까?

가르침 2

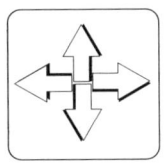

4 전도와 실천(Work)

1) 합심 기도
한 주간 동안 성령께서 기도하라고 말씀하시는 사람들을 위하여 기도하라. '관계 전도'를 통하여 복음을 전할 수 있는 방안을 찾아보라.

2) 묵상
영으로 기도하는 것을 생활화하라. 이것은 곧 하나님의 영으로 인도함을 받는 생활을 사는 길이 될 것이다(롬 8:14).

16 교제의 기도

 환영(Welcome)

1) 아이스 브레이커
각별한 우정을 나눈 친구가 있는가? 하나님과의 관계는 어떤가? 자신의 경험을 말해보라.

2) 목적과 목표
소그룹 공동체에 참여하는 이유는 무엇인가? 창조적인 관점에서 이야기해 보라.

 **경배(Worship)**

찬송

 말씀(Word)

1) 기도 훈련
하나님과의 밀접한 관계를 갖기 원하는가? 하나님은 우리가 원하는 것 이상으로 우리와 가까이 지내고 싶어 하신다. 다음 지시에 따라 시행하라.

1. 그리스도의 사역에 대해 감사하라. 이같이 기도하라. "하나님 아버지 그리스도의 피로 대속해 주신 은혜를 감사합니다. 당신이 나의 의가 되시오니 내가 당신 앞에 감히 설 수 있습니다. 당신은 나를 정결케 하시는 분이오니 더 이상 죄가 나를 주관치 못함을 감사드립니다. 당신이 나와 함께 하심으로 내가 영원히 성령의 전이 됨을 감사하나이다. 당신은 평화의 주가 되셔서 나의 마음이 평안

을 얻고 감사드립니다. 또한 당신의 채찍으로 인하여 감사하오니 당신은 치료의 주가 되사 나를 낫게 하셨음이니이다. 당신은 승리의 깃발이 되시오니 이제는 죽음이나 지옥을 두려워 하지 않을 것이며, 당신은 나의 예비하시는 주요 목자가 되시오니 내가 근심하지 않겠나이다."

2. 잠잠히 기다리며 주님과의 영적 교제를 즐겨라.
3. 하나님의 영적 음성을 듣고 그가 말씀하시는 것을 기록하라.

2) 교제
이 기도의 훈련을 통해 받은 축복에 대해 함께 나누라.

3) 토의
토의 1: 하나님이 어떤 사람과 친밀한 관계를 맺고 싶어 하신다고 생각하는가?
　　　(시 25:14)
토의 2: 하나님을 경외한다는 말의 의미가 무엇이라고 생각하는가?

4) 서로에 대한 고백
다음 내용을 암송해 보라.
"여호와를 경외한다는 것은 우리의 모든 생각과 마음과 행위를 알고 판단하시는 거룩하신 하나님의 면전에 있다는 사실을 끊임없이 자각하는 것이다." (Bill Gothard)

5) 간증
하나님과의 친밀한 관계를 누린 적이 있는가? 성공한 때는 언제이며 실패한 때는 언제인가?

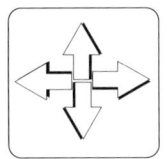

 4 전도와 실천(Work)

어떻게 하면 주님과의 친밀한 관계를 통하여 승리의 삶을 살고 축복을 누릴수 있는가?

17 감사의 기도

 **환영(Welcome)**

1) 아이스 브레이커
항상 불평만 하는 사람을 만나 본 적이 있는가? 그 사람과 함께 있을 때 어떤 느낌을 받았는가? 자신의 경험에 대해 의견을 나누라.

2) 목적과 사명
왜 그리스도의 제자가 되어야 하는가? 그리스도의 제자가 된다는 말의 의미는 무엇인가? 구체적인 예를 들어 설명하라.

 **경배(Worship)**

찬송

 **말씀(Word)**

1) 그룹 활동
3~4개의 그룹으로 나누고,

1. 자신을 가장 화나게 했던 일에 대해 나누라.
2. 가장 많은 감동을 받았던 감사에 대해 말해보라. 그룹별로 자신의 경험을 이야기 하라.

2) 토의

토의 1: 사람들은 왜 불평을 한다고 생각하는가? 어떤 일이나 상황 및 조건에 대하여 불평할 때 주로 누구를 원망하는가?

토의 2: 원치 않는 상황이나 조건 또는 문제에 직면하였을 때 어떻게 해야 하는가? (살전 5:16~18; 고전 10:10)

3) 간증

감사함으로써 누릴 수 있는 유익과 축복에 대해 찾아보고, 각자의 경험에 대해 나누라.

4) 서로 사역하기

불평하는 마음을 갖지 않도록 서로 위하여 기도하라.

5) 실행

감사의 진리에 대해 깨달았으면 즉시 실행하라. 하나님의 선하심에 대해 서로 감사하라. 가장 쉽게 할 수 있는 감사는 십자가 위에서 속죄의 피를 흘리신 예수님에 대한 감사이다.

6) 나누기

위의 실행을 통해 당신이 받게된 축복에 대해 나누라.

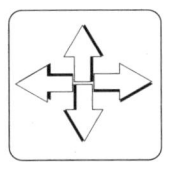 **4 전도와 실천(Work)**

1) 실천 과제

어떻게 하면 늘 감사하는 마음을 통해 다른 사람들에게 복이 되며 영혼을 구할 수 있는가?

2) 묵상

데살로니가전서 5장 18절을 외우고 자신의 삶에 적용하라.

18 중보기도

 환영(Welcome)

1) 아이스 브레이커 1
가장 기쁜 일은 무엇이며 가장 슬픈 일은 무엇인가?

2) 헌신
진정한 공동체를 세우기 위해 모든 구성원이 반드시 숙지해야 할 네 가지 헌신은 무엇인가? 또한 그 이유는 무엇인가?

 경배(Worship)

찬송

 **말씀(Word)**

1) 아이스 브레이커 2
다른 사람을 위한 중보기도가 응답받은 적이 있는가? 자신의 경험에 대해 함께 나누라.

2) 연습
중보의 능력을 경험하지 못하였다면 다음 사항들을 즉시 실천해 보라.
1. 그리스도의 십자가 사역에 대해 묵상하며 감사하라.
2. 잠잠히 기다리며 자신을 위한 성령님의 중보 사역을 느껴보라(롬 8:26).
3. 긍휼이 풍성하신 하나님의 마음을 느껴보고, 문제가 있는 사람이나 아직 믿지 않는 영혼, 또는 국가와 민족을 위해 중보기도를 하라.

3) 교제
중보기도 훈련을 통해 자신이 경험한 것을 함께 나누라.

4) 토의
신자가 중보기도를 생활화해야 하는 이유가 무엇인가? (딤전 2:1~3)

5) 서로 사역하기
친구들에게 필요한 것이 무엇인지 찾아보고, 자신이 받은 은사를 따라 도와주라.

6) 간증
사람들을 돕고 영혼 구원을 위해 드렸던 중보기도를 통해 경험했던 것을 나누라.

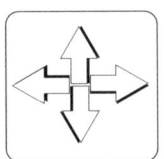 **4 전도와 실천(Work)**

중보기도는 영적 성장과 영혼을 얻는 일에 얼마나 많은 영향을 끼치는가?

19 영적 전쟁을 위한 기도

 **1** 환영(Welcome)

1) 아이스 브레이커
지구상에는 왜 전쟁이 끊이지 않는가? 두 가지 이유를 들어보라.

2) 목적과 목표
자신이 속한 소그룹 공동체의 목적과 목표는 무엇인가? 창조적인 관점에서 이야기해 보라.

 **2** 경배(Worship)

찬송

 **3** 말씀(Word)

1) 그룹 활동
3개의 그룹으로 나뉘어 영적 전쟁에서 승리한 경험에 대해 나누라. 그룹별로 전체 공동체의 신앙적 성숙에 도움이 될만한 이야기를 하나씩 선정하여 함께 나눈다.

2) 토의
토의 1: 사탄의 공격 목표가 되는 사람에 대해 성경은 무엇이라고 말하는가? (벧전 5:8~9)

토의 2: 사탄의 공격에 대해 어떻게 대적해야 하는가? (벧전 5:9)

토의 3: 악한 영에 의해 속박을 당하거나 공격을 받은 경험에 대해 나누라.

3) 서로 사역하기
서로 도와 함께 영적 전쟁을 수행하라. 영적 무기를 사용하는 방법은 다음과 같다.

① 방어용 무기
이렇게 말하라. "사탄아, 우리는 구원의 투구를 쓰고 있기 때문에 너는 우리를 이길 수 없다. 그리스도의 보혈로 우리는 이미 구원을 보장받았으며 하나님이 우리를 도와 주신다는 확실한 소망이 있다. 우리를 공격하기 위한 너의 무기들과 속임수들은 아무런 소용이 없다. 우리는 믿음의 방패를 가지고 진리의 띠를 띠고 있고 있기 때문이다. 사탄아, 너는 하나님께서 우리가 죄인이기 때문에 싫어하신다고 거짓말을 하지만 성경은 하나님께서 결코 우리를 떠나지 않으실 것이라고 말씀하셨다" (히 13:5~6).

② 공격용 무기
이렇게 말하라. "사탄아, 너는 결코 모든 이름 위에 뛰어나신 그리스도의 이름 앞에 설 수 없다. 그리스도의 이름으로 명하노니 물러갈지어다."

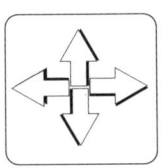 **전도와 실천(Work)**

어떻게 하면 영적 전쟁을 통하여 우리 지역과 학교를 복음화할 수 있는가? (마 12:28~29)

20 신앙 고백적 기도

 **1 환영(Welcome)**

1) 아이스 브레이커 1
지난 한 달 동안 주님으로부터 받은 교훈은 무엇이었는가?

2) 목적과 목표
그리스도의 제자가 된다는 것은 무엇을 의미하는가? 실제적인 내용에 대해 나누라.

  **2 경배(Worship)**

찬송

 **3 말씀(Word)**

1) 그룹 활동

<u>기도 훈련</u>

최근에 특별히 자신을 괴롭혔던 문제에 대해 말해보라. 3~4명씩 그룹을 만들고 다음의 순서에 따라 서로를 위하여 기도하라.

1. 하나님께 감사한다.
2. 지체가 안고 있는 문제에 대한 주님의 말씀이나 깨달음을 간구하며 기다린다.
3. 주신 말씀이나 진리를 붙들고 기도한다.

2) 아이스 브레이커 2
이 훈련을 통하여 경험한 것들에 대해 의견을 나눈다.
이러한 기도는 신앙 고백적 기도라고 부른다.

3) 토의
토의 l: 마가복음 11장 20~26절을 읽고 다음 두 가지 사항에 대해 토의하라.

1. 기도의 응답을 받기 위해 반드시 필요한 것은 무엇인가? (24절)
2. 단순히 믿기만 하면 되는가? 기도가 응답될 것이라는 믿음을 가지기 위해서는 무엇이 필요한가? (23절)

4) 간증
하나님의 말씀에 대한 고백을 통하여 자신의 삶이 어떻게 축복을 받게 되었는지 나누라.

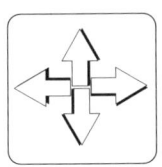  전도와 실천(Work)

날마다 하나님의 말씀을 외우고 고백하겠다고 다짐하라(수 1:8).

21 심령이 가난한 마음

 **1 환영(Welcome)**

1) 아이스 브레이커
인생의 위기를 경험해 본 적이 있는가?

 2) 목적과 목표
왜 소그룹 공동체는 축복이 되어야 하는가? 어떻게 하면 되는가?

 **2 경배(Worship)**

찬송

 **3 말씀(Word)**

1) 그룹 활동
소그룹 공동체를 각 3명씩(남녀 구분하여) 그룹을 형성하게 한다. 각자 순서대로 뒤로 넘어지게 한다(뒤를 돌아보지 않고). 나머지 두 사람은 뒤에서 그를 바쳐준다. 지도자를 포함한 모든 지체가 동참해야 하며 아무도 마음의 상처를 받지 않도록 신중히 진행해야 한다.

2) 토의

토의 1: 그룹 활동을 통하여 경험한 것들에 대해 의견을 나눈다. 복종한다는 것이 과연 쉬웠는가?

토의 2: 과거에 주님께 복종하는 것을 어렵게 했던 문제를 경험한 적이 있는가? 그 경험을 나누라.

토의 3: 왜 하나님께서는 우리가 스스로 풀 수 없는 문제들을 안겨주신다고 생각하는가?

토의 4: 마태복음 5장 3절을 읽어보라. 심령이 가난한 자에 대하여 하나님은 무엇이라고 말씀하셨는가? 심령이 가난한 자란 무엇을 의미하는가?

토의 5: 어떻게 하면 하나님께 전적으로 의지하는 마음을 가지고 그를 통해 다른 사람에게 축복이 되며 그들의 영혼을 구할 수 있는가?

3) 간증
자신은 어떻게 하나님을 의지할 수 있게 되었는가? 그 비결에 대해 서로 나누라.

4) 서로 사역하기
하나님께 복종하는 것이 가장 어려웠던 시기는 언제였는가? 자신을 하나님께 전적으로 복종시킬 수 있도록 각자가 받은 은사대로 돕고 서로를 위해 기도하라.

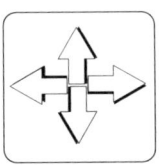 전도와 실천(Work)

마태복음 5장 3절을 외우고 매일의 삶을 통해 실천하라.

22 애통하는 마음(마 5:4)

 환영(Welcome)

1) 아이스 브레이커
자신을 가장 행복하게 하는 것은 무엇이며, 가장 슬프게 하는 것은 무엇인가?

2) 목적과 목표
옆 사람에게 소그룹 공동체의 목적과 목표가 무엇인지 물어보라. 아직 모르는 사람이 있으면 설명해 주고 그래도 부족하면 잘 아는 사람에게 설명을 부탁하라.

 **경배(Worship)**

찬송

 **말씀(Word)**

1) 그룹 활동
신문에서 범죄 기사를 발췌하여 공동체 전체에게 읽어준다. 모든 지체는 그 기사에 대해 얼마나 애통해 하는 마음을 가지고 있는지 생각해 본다.

2) 토의
토의 1: 만일 공동체가 죄를 범하면 하나님의 마음은 어떻겠는가? 화를 내시겠는가 슬퍼하시겠는가?

토의 2: 실제로 하나님의 자녀들은 무엇 때문에 슬퍼하고 애통해야 하는가? (약 4:8~9; 빌 3:18~19)

토의 3: 근심의 종류에는 어떠한 것이 있는가? 이들의 차이점은 무엇이며 그 결과는 어떻게 다른가? (고후 7:9~11; 사 57:15)

토의 4: 하나님께서는 우리에게 애통하는 마음을 가르치시기 위해 어떠한 방법을 사용하실까?

3) 간증
하나님께서는 고난을 통해 (자신의 죄와 다른 사람의 죄에 대해) 애통하며 회개하는 마음을 주신다는 교훈을 받았던 자신의 경험을 함께 나누라.

4) 경험하기
눈을 감고 지금까지 언급된 하나님의 말씀을 묵상하며 아직도 해결하지 못한 죄가 얼마나 하나님의 마음을 아프게 할 것인지 생각해보라. 이러한 하나님의 마음을 느끼며 한 사람씩 돌아가며 상한 마음을 가지고 기도하라.

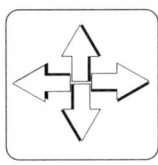 **4 전도와 실천(Work)**

상하고 애통해 하는 마음으로 아직도 구원받지 못한 사람들을 위하여 기도하라.

묵상
이사야 57장 15절을 묵상하며 통회하는 마음으로 하나님께 나아가라.

23 온유한 마음(마 5:5)

  **환영(Welcome)**

1) 아이스 브레이커
이빨과 잇몸 중 어느 것이 오래 간다고 생각하는가?

2) 헌신
진정한 공동체를 세우기 위해 모든 구성원이 반드시 숙지해야 할 네 가지 헌신은 무엇인가?

 **경배(Worship)**

온 마음을 다한 기도와 경배로 진정한 영적 제사를 드리라.

 **말씀(Word)**

1) 함께 생각할 내용

시나리오 I
어느 날 친구가 귀한 물건을 빌려갔다가 파손된 상태로 돌려주었다. 친구는 전혀 미안해 하거나 책임을 질 생각을 하지 않았다.

시나리오 II
하나님의 사랑이 필요한 사람이 갑자기 생겨서 꼭 하고 싶었던 일을 못하게 되었다.

2) 토의

토의 1: 3~4명씩 그룹을 나누어 각자 시나리오 I 및 II의 경우에 처한다면 어떤 느낌이 들 것인지 솔직히 말한다. 자신은 이와 유사한 경험이 없었는가? 함께 나누라.

토의 2: 성도는 이유도 모르는 고난을 받을 경우 어떻게 해야 하는가? (벧전 2:18~20)

토의 3: 온유한 자가 받을 축복은 무엇인가? (마 5:5; 요 12:24~26)

3) 간증

온유한 자란 하나님의 말씀에 순종하고 모든 결정권을 주님께 순순히 내어 드리는 자이다. 하나님께서 어떻게 자신을 이러한 사람으로 훈련시키셨는지에 대해 함께 나누라.

4) 서로 사역하기

자신이 가장 포기하기 어려운 것들(명예욕이나 소유욕 또는 자신에 대한 변론 등)을 하나님께 맡기고 복종하라. 자신이 받은 영적 은사를 따라 서로 도우라.

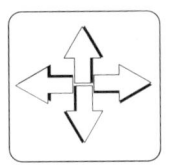 **4 전도와 실천(Work)**

어떻게 하면 온유한 자로서 다른 사람에게 복이 되며 그들의 영혼을 구할 수 있는가?

묵상

마태복음 5장 5절을 묵상하고 실천함으로 하나님의 축복을 경험하라.

24 의에 주리고 목마른 마음
(마 5:8)

 **환영(Welcome)**

1) 아이스 브레이커
가장 좋아하는 음식과 싫어하는 음식은 무엇인가?

2) 목적과 목표
왜 소그룹 공동체는 번식해야 되다고 생각하는가? 창조적인 관점에서 이야기 해 보라.

 **경배(Worship)**

찬송

 **말씀(Word)**

1) 함께 생각할 내용
마른 솜을 물에 적시면 어떻게 되겠는가? 당연히 솜이 물을 흡수하게 될 것이다.

2) 토의
토의 1: 솜과 같이 우리 영혼도 영적으로 주리고 목말라야 한다. 의에 주리고 목마른 사람에게는 어떤 일이 일어날 것인가에 대해 진지하게 토의하라(마 5:6; 잠 27:7).

토의 2: 어떻게 하면 의에 주리고 목마른 자가 될 수 있는가?

2) 간증
의에 대한 갈급함이 전혀 없던 시절이 있었는가? 하나님은 어떻게 이러한 자를 변화시켜 의를 사모하는 자가 되게 하셨는가에 대해 간증하라.

3) 서로 사역하기
의에 주리고 목마른 자가 되기 위해서는 스스로 이 진리를 체득해야 한다. 고린도전서 14장 26절의 말씀에 따라 받은 은사대로 서로 도우라.

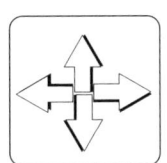 **전도와 실천(Work)**

어떻게 하면 복음 증거에 목마른 자가 될 수 있는가? 시간을 내어 불신자와의 유대 관계를 형성하라.

25 긍휼히 여기는 마음(마 5:7)

 **1 환영(Welcome)**

1) 아이스 브레이커
지금까지 다른 사람으로부터 받은 것 중 가장 귀한 것은 무엇인가?

2) 목적과 목표
그리스도의 제자가 된다는 것은 무엇을 의미하는가에 대해 설명해 보라.

 **2 경배(Worship)**

하나님을 기쁘시게 할 만한 감사의 제물로서 감사와 찬양을 드리라.

 **3 말씀(Word)**

1) 함께 생각할 내용
사랑 없이 줄 수는 있으나 아무 것도 주지 않고 사랑할 수는 없다. 그리스도인으로서 줄 수 있는 최대의 선물은 무엇인가?

1. 부   2. 시간   3. 용서   4. 생명   5. 관심   6. 격려

2) 토의
토의 1: 3~4명씩 그룹을 형성하여 위 질문에 대한 가장 정확한 답을 찾고 아울러 그 이유를 찾아보라.

토의 2: 왜 누군가를 용서한다는 것이 쉽지 않다고 생각하는가? 각자의 경험에 대해 나누라.

토의 3: 마태복음 18장 23~35절을 읽어보라. 일만 달란트를 빚진 자가 일백 데나리온 빚진 자를 용서하는 것이 왜 어려운가?

3) 간증
나는 어떻게 주님의 도우심으로 '용서하기 어려운 자'를 용서하게 되었는지에 대해 나누라.

4) 서로 사역하기
성찬을 받기 전에 아직도 자신에게 남을 미워하는 마음이 남아 있으면 고백하라. 그리스도께서 자신을 용서해 주셨듯이 다른 사람을 용서하는 법을 배우라. 서로 기도하며 도우라.

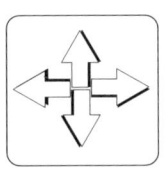 **전도와 실천(Work)**

어떻게 하면 다른 사람을 긍휼히 여기는 마음을 통해 다른 사람들에게 복이 되며 그들의 영혼을 구할 수 있는가?

묵상
마태복음 18장 21~22절을 날마다의 삶을 통해 실천하라. 다음 내용을 암송하라.
"그리스도께서는 나의 모든 죄를 용서하시고 일흔 번씩 일곱 번이라도 용서하라고 말씀하셨으나 나는 왜 다른 사람을 용서하지 못하는가?

26 정결한 마음(마 5:8)

 **1 환영(Welcome)**

1) 아이스 브레이커
유혹을 받을 때 어떻게 대처하는가?

2) 목적과 목표
- 왜 소그룹 공동체의 목적과 목표에 대해 알아야 하는가?
- 자신이 속한 소그룹 공동체의 목적과 목표는 무엇인가? 창조적인 관점에서 설명하라.

 **2 경배(Worship)**

찬송

 **3 말씀(Word)**

1) 그룹 활동
가장 가까운 사람과 짝을 짓게 한다. 성령의 인도하심에 따라 다음에 나와 있는 요한 웨슬리의 네 가지 질문에 답한다.

1. 마지막으로 범한 죄는 무엇인가? (억지로 대답할 필요는 없다. 마음을 연 만큼 대답한다)
2. 최근에 받은 유혹은 무엇인가? (솔직하게 대답하라)
3. 유혹에 넘어갔는가? 아니면 극복하였는가? (자신의 경험과 실패한 이유에 대해

말하라)

4. 자신의 생각이나 태도 및 습관에 있어서 죄에 해당되는지 안 되는지 구분하기 어려운 애매한 것이 있는가? (답을 서로 나누라)

상기 그룹 활동을 통해 얻은 것이 있는가? 자신이 받은 복에 대해 함께 나누라.

2) 토의

토의 1: 거룩함이 없는 자는 어떻게 되는가? (시 15:1~5; 히 12:14) 각자의 경험을 나누라.

토의 2: 만일 요한 웨슬리의 네 가지 질문을 매 주 한다면 어떤 결과가 일어나겠는가?

3) 간증
거룩한 삶과 관련하여 각자의 성공과 실패에 대한 경험을 나누라.

4) 서로 사역하기
위 토의에 대한 결론을 내린 후 모든 지체가 문제의 해결을 받을 때까지 돌아가며 서로를 위하여 기도하라.

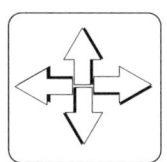

 4 **전도와 실천(Work)**

웨슬리의 네 가지 질문을 생활화할 수 있도록 두 사람씩 짝(상호 책임질 파트너)을 지어준다.

실천 과제
자신의 정결치 못한 마음이 영혼을 구원하기 위한 사역에 지장을 주지는 않는가?

27 화평케 하는 마음(마 5:9)

1 환영(Welcome)

1) 아이스 브레이커
지금까지 가장 친한 친구는 누구인가? 그 이유는 무엇인가?

2) 헌신
진정한 공동체를 세우기 위해 모든 구성원이 반드시 숙지해야 할 네 가지 헌신은 무엇인가?

2 경배(Worship)

찬송

3 말씀(Word)

1) 함께 생각할 내용

시나리오 I: 한번은 아버지가 나에게 크게 화를 내신 적이 있다. 마침 직장에서 좋지 않은 일이 있었던 아버지는 집안 일을 돕지 않고 TV만 본다는 이유로 나를 야단쳤다. 나는 화가 나 문을 걷어찼다. 불신자인 아버지는 "왜 예수 믿는 사람이 그런 행동을 하느냐?"고 하셨다.

시나리오 II: 어느 날 몹시 흥분하여 아내와 자식들을 심하게 꾸짖었다. 그들이 나의 충고를 듣지 않는다고 생각하였기 때문이다. 그 결과 가족들은 나 때문에 오랫동안 마음의 상처를 입었다.

2) 토의
토의 1: 이와 비슷한 경험을 한 적이 있는가? 있다면 그 때의 심정에 대해 이야기하라.

토의 2: 이럴 경우 우리는 어떻게 해야 하는가? (마 5:23~24)

3) 간증
자신이 상처를 준 사람과 화해한 경험에 대해 간증하라. 신속하게 화해할 수 있는 마음을 가질 수 있도록 기도를 부탁하라.

4) 서로 사역하기
자기 스스로 해결하지 못했던 갈등들을 멤버들과 나누라. 소그룹 멤버들에게 화해와 회복을 위해 기도해 줄것을 요청하라.

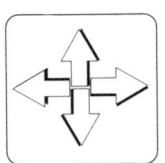 **전도와 실천(Work)**

어떻게 하면 깨끗한 양심을 가진 효과적인 증인이 될 수 있는가? (벧전 3:15~16)

묵상
사도행전 24장 16절을 외워서 묵상하고 날마다의 삶에 적용하라.

28 의를 위해 핍박 받는 마음
(마 5:10~12)

 **1 환영(Welcome)**

1) 아이스 브레이커
의로운 일을 해서 칭찬받은 적이나 의로운 일을 했다는 이유로 비난을 받은 적이 있는가?

 2) 목적과 목표
옆에 있는 친구에게 소그룹 공동체의 목적과 목표에 대해 물어보라. 잘 모르는 경우 완전히 이해할 때까지 자세히 설명해 주라.

 **2 경배(Worship)**

찬송

 **3 말씀(Word)**

1) 함께 생각할 내용
기독교 관련 서적을 통해 핍박이나 고난을 받은 사람들에 대한 이야기를 읽어주고, 의를 위하여 핍박을 받는다는 것이 얼마나 복된 일인지 일러주라.

2) 토의
토의 1: 의를 위하여 핍박 받은 적이 있는가? 그 때의 심정에 대해 말해보라.

토의 2: 어떻게 하면 의에 주리고 목마른 자가 될 수 있는가?

토의 3: 왜 의인이 핍박을 받는가. 베드로전서 1~5장을 통해 고난과 관련된 단어를 적어도 여섯 개 이상 찾아내어 서로 토의하며 도우라.

토의 4: 성도는 핍박이 올 때 어떠한 자세를 가져야 하는가? (살전 1:3~5; 마 5:12)

3) 간증
다른 지체들에게 힘을 주고 격려가 될만한 핍박이나 고난을 당한 경험이 있으면 간증하라.

4) 서로 사역하기
베드로전서 1~5장을 통해 공동체의 지체들이 가장 받기 쉬운 고난의 형태를 찾아 각자가 받은 은사를 사용하여 서로를 위하여 기도하며 도와주라.

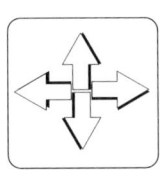 전도와 실천(Work)

복음화 사역이 핍박이나 고난으로 말미암아 위축될 수 있는가? 적어도 매주 두 시간 동안 불신자와 접촉하고 그들과의 관계를 강화하라.

묵상
빌립보서 1장 29절을 외워서 묵상하라.

29 빛과 소금 I (마 5:13~16)

 **환영(Welcome)**

1) 아이스 브레이커
빛이 없다면 어떻게 될지 두 가지만 이야기 해보라.

2) 목적과 목표
왜 소그룹 공동체는 번식해야 된다고 생각하는가? 창조적인 관점에서 이야기 해보라.

 **경배(Worship)**

찬송

 **말씀(Word)**

1) 그룹 활동
빛과 소금의 기능에 대한 발견

소금을 담은 작은 플라스틱 용기를 가운데 두고 공동체를 2~3그룹으로 나눈다. 소금과 빛의 용도에 대한 각자의 견해를 말하게 한다. 가장 재미있는 대답을 한 그룹에 상을 준다.

2) 토의
토의 1: 그룹 활동을 통해 빛과 소금으로서의 신자의 역할에 대해 어떠한 교훈을 얻었는가?

토의 2: 왜 예수님께서 "너희는 세상의 빛과 소금을 가지고 있다"고 하시지 않고 "너희는 세상의 빛과 소금이다"라고 말씀하셨는가?

토의 3: 언제 어디서 어떻게 빛과 소금의 역할을 할 것인가? (마 5:15~16) 매일의 삶에 실천할 수 있는 방안에 대해 토의하라.

3) 간증
하나님께서 어떻게 빛과 소금의 역할을 감당하게 하셨는지에 대해 간증하라.

4) 함께 생각할 내용
세상의 빛과 소금이 되지 못한 신자로 인해 실망한 적이 있는가? 그 때의 심정이 어떠했는가? 눈을 감고 자신도 그와 같이 되지 않도록 그를 비판하지 말고 용서하라.

5) 서로 사역하기
자신의 삶 가운데 아직도 빛과 소금의 역할을 감당하지 못하고 있는 부분은 어느 곳인가?

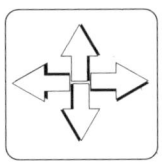

4 전도와 실천(Work)

간단한 일이라도 학교나 직장 또는 가정에서 빛과 소금된 자로서 할 수 있는 일이 있으면 매일 찾아서 하라. 예를 들어 격려하는 말을 하며 관심을 보이고 기도하며 작은 것이라도 줄 수 있는 것은 주고 자신을 희생하라.

묵상
"빛과 소금은 보이지 않으나 느낄 수 있다"는 말에 대해 묵상하라.

30 빛과 소금 II (마 5:13~16)

 **환영(Welcome)**

1) 아이스 브레이커
1) 소금이 짜지 않거나 2) 소금이 너무 많을 경우 어떻게 할 것인가?

2) 헌신
진정한 공동체를 세우기 위해 모든 구성원이 반드시 숙지해야 할 네 가지 헌신은 무엇인가?

 **경배(Worship)**

찬송

 **말씀(Word)**

1) 그룹 활동

- 소금을 한 스푼 떠서 다른 지체들에게 보여준다. 깨끗한 물을 담은 용기에 소금을 넣고 젓는다. 그래도 소금이 보이는가? 누가 이 물을 마시려고 하겠는가?

- 마주 대하고 서서 얼굴을 쳐다본다. 두 사람 사이에 있는 공간을 통해 빛을 볼 수 있는가? 물론 보이지 않을 것이다. 그러나 두 사람 사이에는 공기가 분명히 있듯이 빛도 눈에 보이지 않을 뿐이다. 우리는 공기 중에 있는 빛을 보지 못한다. 우리가 보는 것은 빛의 반사이다.

2) 토의

토의 1: 그룹 활동을 통해 어떤 원리를 발견하였는가? 이러한 원리들은 신자의 삶에 어떻게 적용되어야 하는가?

토의 2: 만일 신자가 소금처럼 용기에 들어갔으나 공동체에서 전혀 역할을 못한다면 어떻게 될까?

토의 3: 어떻게 하면 빛과 소금의 역할을 감당할 수 있는가? 성공담과 실패담에 대해 말하라.

3) 연습

토론이 끝나면 우선 공동체의 모든 지체들을 축복하라. 다른 지체들을 축복할 수 있는 것이 없는지 찾아보라.

4) 간증

상기 훈련을 통하여 깨달은 것이 무엇인지에 관해 의견을 나누라.

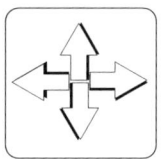

4 전도와 실천(Work)

빛과 소금이 되고자 하는 것이 다른 사람들을 구원하기 위한 목적 한 가지 때문인가?

빛과 소금의 역할을 계속할 경우 영혼을 구하는 일이 보다 쉬워질 수 있겠는가?

실천 과제

자신이 처한 위치에서 빛과 소금의 역할을 계속하라.

31 성령의 은사 (고전 12:7~11)

 환영(Welcome)

1) 아이스 브레이커
하나님이 진실로 살아계심을 체험한 적이 있는가? 자신의 경험을 말하라.

 경배(Worship)

경배를 통하여 하나님을 가까이 경험해야 한다. 서로를 위로하고 돕기 위해 하나님과 조용한 시간을 가지고 그의 음성(성령의 나타나심)을 들어야 한다(고전 14:3, 26). 이러한 경배의 경험은 우리에게 공동체가 그리스도를 경험하는 곳이자, 관계적 삶을 위한 장소임을 보여주는 예가 된다.

 말씀(Word)

1) 실습
두 명씩 짝을 지어 다음 지시에 따라 하나님의 음성(나타나심)을 서로에게 들려준다.
1. 하나님께서 그의 권능으로 나를 사용하셔서 다른 지체를 돕 도록 기도하라.
2. 성령의 나타나심을 감지할 수 있도록 잠잠히 기다리라. 성령의 나타나심(성령의 9가지 열매)은 다음과 같이 나타난다.

a. 한두 마디의 말
예를 들면 슬픔, 기쁨, 두려움, 상한 마음에 관한 것이다. 하나님께서는 이러한 영적 음성을 통해 다른 지체에게 필요한 권면의 내용을 알려주신다. 기억하라! 하나님의 나타나심은 한두 마디의 간단한 말씀을 통해 주어진다. 주시는 말씀을 신실하게 지킬 때에 하나님께서는 보다 많은 음성을 들려주게 될 것이다.

b. 심상(picture)

성령께서는 때로 마음속에 주시는 정적이거나 동적인 장면을 통해 나타나시기도 한다. 하나님께서는 이러한 시각적 음성을 통해 상대 지체가 처해 있는 상황에 대해 직접 또는 간접적(비유)으로 알려주신다.

c. 영적 느낌

때로는 영적 느낌을 통해 그 지체의 상황을 알 수 있다. 예를 들어 슬픔, 스트레스, 거절, 괴로움 등과 같은 것이다.

3. 서로에게 하나님이 들려주시는 말씀을 이야기하라.

동일한 방법으로 상대를 바꾸어서 해 본다. 이러한 시간을 가능한 자주 가지도록 하라.

2) 토의

토의 1: 실습을 통해 어떠한 경험을 하였으며 여기서 얻은 교훈은 무엇인가?

토의 2: 자신은 성령의 은사 가운데 어떤 은사가 있다고 생각하는가? 자신에게 가끔 나타나는 은사는 무엇인가? (고전 12:7~11)

3) 실천

각자 모임에 불참한 지체 가운데 한 사람을 선정하여 예언적 메시지를 담은 편지를 보낸다. 먼저 상기와 같은 방법으로 하나님의 뜻을 구하는 기도를 통해 그에게 전할 위로나 충고 또는 신앙적 권면의 내용을 찾는다. 메시지를 모아 '사랑의 편지'를 쓴다. 내용을 다시 한 번 검토한 후 편지를 보낸다. 편지를 받은 지체들의 반응을 알아본다. 놀라운 결과를 보게 될 것이다.

주의할 점

예언적 메시지의 내용은 결코 미래에 관한 언급이나 죄에 대한 책망 또는 구체적인 지시를 하는 것이 아니다. 그런 일은 선지자만이 할 수 있는 것이다.

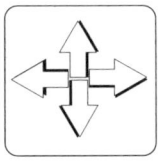 전도와 실천(Work)

어떻게 하면 성령의 은사를 통해 다른 사람에게 복이 되며 그들의 영혼을 구할 수 있을 것인가?

묵상

우리는 어떻게 성령의 은사를 간절히 사모하는 마음을 가질 수 있는가? (고전 12:3~1)

32 지식의 은사 (고전 12:7~11)

 **환영(Welcome)**

1) 아이스 브레이커
지금까지 받은 것 중 가장 큰 선물은 무엇인가?

2) 목적과 목표
소그룹 공동체란 무엇이라고 생각하는가?
(서론 부분의 "소그룹 공동체란 무엇인가"를 읽어보라)

 **경배(Worship)**

찬송

 **말씀(Word)**

1) 그룹 활동
지식의 은사란 지혜의 말씀과 지식의 말씀 및 영분별의 은사이다(고전 12:7~11). 다음 지시에 따르기 바란다.

1. 모든 소그룹 공동체의 구성들에게 오늘 하루 기도하고 금식할 것을 권장한다.
2. 3~4명씩 그룹을 만들어 한 사람씩 돌아가며 기도하게 한 다음 전체가 합심 기도한다.
3. 지혜와 깨달음은 상기 세 가지 은사들(지혜의 말씀, 지식의 말씀 및 영분별의 은사)로부터 온다. 이들 세 가지 은사를 통해 서로 하나님의 메시지로 권면한다.

기억하라! 하나님은 세 가지 방법을 통해 우리와 교통하신다(말씀, 심상, 영적 느낌). 성령의 은사들에 관한 주제(31과)에 대해서 다시 한번 읽어보라.

2) 토론

토론 1: 하나님의 메시지를 받은 후 그룹 활동을 통해 경험한 내용 및 배운 것에 대해 말해보라.

토론 2: 어떻게 하면 자신이 받은 은사를 잘 간직하며 보다 풍성히 누릴 수 있는가?(은사에 대한 태도)(딤전 4:14; 딤후 1:6~7)

3) 간증
자신은 이 세 가지 은사를 통해 어떻게 격려와 도움을 받았는가? 자신의 경험을 이야기하라.

4) 서로 사역하기
하나님께서 각 지체들에게 주신 능력과 사랑과 진리로 서로의 필요한 부분을 채워주라.

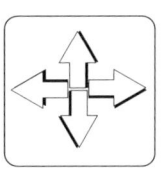

 전도와 실천(Work)

어떻게 하면 자신의 은사를 소그룹 모임을 통해 효과적으로 활용할 수 있는가? (고전 14:1~12)

33 능력의 은사 (고전 12:7~11)

 환영(Welcome)

1) 아이스 브레이커
자신이 경험한 기적 중 한 가지를 말하라.

2) 헌신
진정한 공동체를 만들기 위해 모든 구성원이 반드시 숙지해야 할 네 가지 헌신은 무엇인가?

 경배(Worship)

찬송

 말씀(Word)

1) 그룹 활동
능력의 은사란 믿음의 은사, 병 고치는 은사, 기적(능력행함)의 은사를 말한다. 다음의 지시에 따르기 바란다.

1. 하나님 앞에서 조용히 묵상하며 자신을 사용하여 그의 능력이 나타나는 축복의 통로가 되게 해 달라고 기도한다.
2. 하나님 앞에서 눈을 감고 다른 지체의 몸의 약한 부분이나 아픈 부분이 어디인지 보여주실 때까지 기다린다. 소그룹 리더는 아픈 지체의 머리부터 발끝까지 각 부분을 언급해 주어도 좋다(예를 들어 머리, 눈, 코, 귀…). 아픈 부분이

언급될 때 하나님께서는 말씀이나 심상 또는 영적 느낌을 통해 그것을 알려주실 수 있다. 때로는 자신의 신체 가운데 아픈 지체의 환부와 같은 부위에 통증을 느끼기도 한다.

3. 그룹의 리더는 모든 지체의 의견을 취합해서 적절한 조치를 취한다. 예를 들어 세 사람이 하나님께서 어떤 지체의 병을 낫게 하실 것이라는 메시지를 받았다면 본인에게 확인 한 후 그를 위해 함께 기도하면 된다.
4. 만일 특별한 메시지가 없을 경우 통상적인 방법으로 병 고침을 위해 기도한다 (막 16:17~18).

2) 토의

토의 1: 그룹 활동을 통해 배운 것이 무엇인가?

토의 2: 어떻게 하면 이 은사를 잘 간직하며 풍성히 누릴 수 있는가?

3) 간증
능력의 은사를 통해 다른 사람을 고치거나 고침을 받은 경험이 있는가?
자신의 경험을 이야기하라.

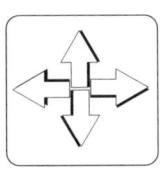 전도와 실천(Work)

어떻게 하면 능력의 은사를 통해 하나님 나라를 확장할 수 있는가? (눅 10:8~9; 17~20)

34 언어의 은사

 환영(Welcome)

1) 아이스 브레이커
최근에 하나님께서 나를 위해 하고 계시는 일은 무엇인가?

2) 목적과 목표
당신은 왜 소그룹 공동체에 나오는가? 창조적인 관점에서 설명해 보라.

 경배(Worship)

하나님의 임재를 보다 가까이 경험하라.

 말씀(Word)

1) 그룹 활동
성령의 교통하심을 통해 하나님을 경배한다. 모든 공동체는 하나님의 임재를 경험한 후 성령께서 각 지체에게 언어의 은사(예언, 방언 및 방언 통역의 은사)를 통해 함께하심으로 모든 지체가 서로 도우며 섬길 수 있게 해 달라고 기도한다. 예언과 방언 통역함 역시 다른 은사와 같이 말씀과 심상 그리고 영적 느낌을 통해 임한다. 받은 은사의 활용에 대해서는 고린도전서 14장 24~28절의 원리에 따른다.

<u>1. 예언</u>
하나님께서 말씀이나 심상 또는 영적 느낌을 통해 주신 예언적 메시지로 다른 지

체를 권면하고 훈계하며 위로한다.

<u>2. 방언 통역</u>

자신이나 다른 사람의 방언을 통역할 수 있다. 방언은 대체로 통역이 필요한 경우가 많은데 이 때 방언하는 사람의 음성에는 일정한 톤이 있으며 대체로 크고 다른 음성과는 구분된다. 통역의 은사를 받는 원리도 마찬가지이다(음성, 심상, 및 영적 느낌). 방언하는 자는 그것을 통해 하나님께 기도하거나 하나님의 크신 일을 말하기도 한다(고전 14:2, 13~14; 행 2:11).

2) 토의

토의 I: 그룹 활동을 통해 무엇을 배웠는가?

토의 2: 이 은사를 어떻게 유지하고 발전시킬 것인가?

3) 간증

언어의 은사를 통해 다른 지체에게 유익을 주거나 받은 적이 있는가?
자신의 경험을 말하라.

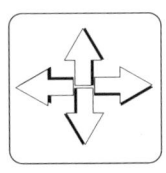 **전도와 실천(Work)**

어떻게 하면 소그룹 모임을 통해 이 은사를 꾸준히 지속하며 효과적으로 활용할 수 있는가?

35 사역의 은사 (롬 12:6~8)

1 환영(Welcome)

1) 아이스 브레이커

요즘 하나님께서 특별히 깨닫게 하시는 것이 있는가?

2) 목적과 목표

소그룹 공동체의 삶을 위해서는 하나님을 경험해야 한다. 어떻게 하면 하나님을 경험할 수 있는가? 모든 구성원은 다른 지체에게 유익을 주는 자가 되길 기대해야 한다.

2 경배(Worship)

찬송

3 말씀(Word)

1) 영적 은사를 통한 섬김

두 사람씩 짝을 이루어 최근에 자신을 억누르고 있는 가장 무거운 짐이 무엇인지 의견을 나눈다. 가장 시급히 해결해야 할 문제를 안고 있는 한 두 사람의 지체를 선정한다. 모든 구성원은 이들이 안고 있는 문제를 해결하기 위해 도움이 될 수 있는 일을 한다. 모든 지체는 자신의 능력에 따라 이들을 도울 수 있다. 예를 들면,

1. 격려나 위로의 말을 통해 문제 해결을 돕는다(말).
2. 자신의 생각을 제시함으로 도움을 준다(아이디어).

3. 직접 발 벗고 나서서 수고함으로 문제를 해결한다(봉사).
4. 자신의 소유를 나누어 줌으로써 문제 해결을 돕는다(물질).

2) 토의

토의 1: 그룹 활동을 통해 무엇을 느꼈는가?

토의 2: 축하드린다. 지금 여러분은 영적 은사(사역의 은사)를 통해 그리스도의 몸을 섬겼다. 이러한 실천을 통해 무엇을 배웠는지 진지하게 의견을 나누라.

토의 3: 각자 그룹 활동을 통해 어떤 은사를 경험했는지에 대해 의견을 나누라 (롬 12:6~8).

토의 4: 마찬가지로 매일의 삶에서 자신에게 특별히 주어진 은사가 있으면 함께 나누라.

4 전도와 실천(Work)

- 이러한 은사들을 사용하여 불신자들에게 그리스도를 전할 수 있는 방법은 무엇인가?

- 이달 중 새로운 전도 대상자에 대한 전략을 세우고 실천하라.

묵상
어떻게 하면 자신의 은사를 다시 개발 할 수 있는가?(딤전 4:14; 딤후 1:6~7)

36 도박과 투기

 **1** 환영(Welcome)

1) 아이스 브레이커
지금까지 받은 선물 중 가장 인상적인 것은 무엇인가?

2) 목적과 목표
소그룹 공동체에 나오는 목적이 무엇인가? 창조적인 관점에서 설명해보라.

 **2** 경배(Worship)

말로서 하나님을 찬양하라.
3~4명씩 그룹을 나누어 한 주간 동안 체험한 하나님의 선하심에 대해 서로 나눈다. 한사람씩 돌아가며 하나님께 감사와 찬양을 드리고 그의 임재를 경험한다.

 **3** 말씀(Word)

1) 그룹 활동
소그룹 공동체를 두개의 그룹으로 나눈다. 전체 리더가 동전을 던져 잡은 후 한 손으로 덮어 가리면 각 그룹의 리더는 동전이 앞면인지 뒷면인지 추측해야 한다. 이 때 두 편 모두 같은 쪽을 선택해서는 안 된다. 맞추지 못한 그룹은 멤버 중 한 사람을 맞춘 쪽으로 보낸다. 적어도 대여섯 번 정도 해 본다. 어느 쪽이 이겼는가?

2) 토의

토의 1: 추측 게임을 통해 무엇을 배웠는지 진지하게 토의한다.

토의 2: 추측 게임은 사람들의 마음을 빼앗아 흥분시키고 열정적이 되게 하며 완전히 몰입하게 만든다. 이런 종류의 게임은 결국 도박으로 변하게 된다. 사람들이 가장 좋아하는 도박은 무엇인가?

토의 3: 도박이나 복권을 죄라고 할 수 있는가? 때로는 사업에도 투기적 요소가 있다고 생각하지 않는가? 차이점이 무엇이라고 생각하는가?

3) 간증

도박이나 복권 또는 사행심을 조장하는 일에 빠져 본 적은 없는가? 어떻게 하나님께서 그것으로부터 벗어나게 하셨는지 간증하라.

4) 서로 사역하기

도박을 극복하기 위해서는 서로 도와야 한다. 도박은 사람을 구속(유혹)한다. 따라서 각 지체는 서로 관심을 가지고 돌보아주며 위해서 기도해야 한다.

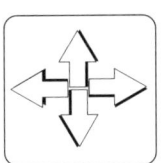 **전도와 실천(Work)**

이달 중 불신자에 대한 복음화 전략을 함께 수립하라.

묵상

잠언 28장 20절을 외우고 매일의 삶을 통해 실천하라.

37 성적 범죄

 **환영(Welcome)**

1) 아이스 브레이커
이성의 친구와는 어느 정도까지 가까워 질 수 있는가?

2) 헌신
진정한 공동체를 세우기 위해 모든 구성원이 반드시 숙지해야 할 네 가지 헌신은 무엇인가?

 **경배(Worship)**

찬송

 **말씀(Word)**

1) 함께 생각할 내용

성적 범죄의 과정

안토니(가명)는 소그룹 공동체의 리더이며, 린다(가명)는 같은 공동체에서 함께 사역하는 지체이다. 두 사람은 동료로서 매우 친하게 지냈으며 사역적인 면에 있어서도 손발이 잘 맞는 팀이었다. 린다의 외모는 평범한 편이었다. 두 사람 모두 기혼으로 각자 예쁜 아내와 잘 생긴 남편과 함께 행복한 결혼 생활을 하고 있었다. 처음에 안토니와 린다는 서로에게 전혀 끌리지 않았다. 그들은 다만 <u>주님의 사역을 함께하는 지체로서</u> 가까이 지냈을 뿐이다. 이러한 관계를 통해 두 사람은 서로에 대해 남매와 같은 감정을 가지게 되었고, 따라서 손을 잡는 등 신체적인 접촉도 자연스럽게 생각하였으며, 종종 <u>주님의 사역에 관해</u> 마음을 터놓고 의견을 나누기도 하였다. 한 번은 린다가 일 때문에 다른 도시에 머무르게 되었는데 안토니는 그녀가 보고 싶다는 생각을 하게 되었다. 사정은 린다도 마찬가지였다. 두 사람은 자주 전화를 하게 되었고 점차 사랑에 빠져 성적인 관계에까지 이르게 됨으로, 결국 두 가정 모두 파탄에 이르는 결과를 초래하고 말았다.

2) 토의

토의 1: 안토니와 린다가 성적인 범죄에까지 이르게 된 이유가 무엇인가? 두 사람은 모두 행복한 가정을 가지고 있었으며 처음에는 전혀 나쁜 의도가 없지 않았는가?

토의 2: 성적인 범죄를 막기 위해 필요한 것들에는 무엇이 있는가? (고전 6:18~19; 잠 27:12; 6:32~33) 이성과의 경계선은 어디까지인가?

3) 간증

하나님께서 나를 성적인 문제로부터 자유롭게 하셨거나 또는 이 문제를 극복하게 하신 경험이 있는가? (반드시 덕이 되는 승리의 간증이어야 하며 파트너의 동의가 있어야 한다).

4) 서로 사역하기

성적인 문제로 고민하고 있는 지체들을 위해 기도와 충고 및 영적 은사들을 통해 도우라.

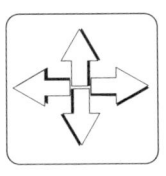 전도와 실천(Work)

지체 간에 성적인 범죄를 막기 위한 방어벽을 쌓음으로 결혼 생활의 순결을 지키겠다고 다짐하라.

과제

성적인 문제에 빠져 있거나 그럴 가능성이 있는 지체들을 위해 기도하고 도우라.

38 포르노물

 환영(Welcome)

1) 아이스 브레이커
사랑과 욕정의 두드러진 차이점은 무엇인가?

2) 목적과 목표
소그룹 공동체의 첫 번째 목표는 그리스도의 제자가 되는 것이다. 그리스도의 제자가 된다는 말의 구체적 의미에 대해 설명해 보라.

 경배(Worship)

찬송

 **말씀(Word)**

1) 함께 생각할 내용

시나리오 I

한 형제가 포르노에 빠지지 않으려고 부단히 노력하였으나 실패하였다. 그는 집으로 돌아오는 길에 항상 포르노물을 취급하는 상점을 지나온다. 처음에 그는 자신을 제어할 수 있었으나, 그곳을 여러 차례 지나다니는 동안 결국 상점에 들어가 포르노물을 사고 말았다. 그는 이러한 사실을 고백하고 기도도 받았으나 여전히 그 문제에서 벗어나지 못하고 있다.

시나리오 II

소그룹 공동체를 사역하는 한 기혼자가 인터넷의 포르노물에 대한 유혹을 극복하지 못하고 아예 포기하고 말았다. 그는 공동체의 가까운 지체에게 이 사실을 털어 놓았으나 지금도 유혹을 이기지 못하고 있다. 그가 컴퓨터를 워낙 은밀한 장소에 두었기 때문에 그의 아내나 자식들은 이러한 사실을 까맣게 모르고 있었다.

2) 토의

토의 1: 왜 이들은 자신의 문제에 대해 공개하고 함께 기도도 하였으면서도 계속해서 같은 죄에 빠지고 있는가? 그 이유를 찾아보고 함께 의견을 나누라.

토의 2: 이러한 예는 특별히 남성들에게 해당되는 것으로 보인다. 여성들도 이러한 유혹에 빠질 수 있는가? 여성의 관점에서 포르노물에 대한 자신의 경험에 대해 나누라.

토의 3: 고린도전서 10장 13절을 자세히 읽어보고 다음 질문에 답하라.
1. 하나님께서 허락하시는 시험은 어떤 것인가?
2. 왜 하나님께서는 우리가 감당할 수 없는 시험은 허락하지 않으시는가?
3. 하나님께서는 어떠한 방법으로 우리가 시험을 감당할 수 있도록 하시는가?

토의 4: 하나님께서는 성적 범죄를 막을 수 있는 단 한 가지 방법을 주셨다. 그것이 무엇인가? (딤후 2:22; 고전 6:18~19) 이와 관련된 자신의 경험을 말하라.

대적이 이미 쳐들어 온 후 담을 쌓는 것은 아무런 소용이 없다. 방어벽은 대적이 공격해 오기 전에 쌓아야 한다.

3) 간증
음란을 피하고 죄를 고백함으로 승리를 거둔 경험에 대해 간증하라.

4) 서로 사역하기
2~3명씩 그룹을 나누어 이성의 친구에게 가졌던 음란한 생각을 고백하고 자신을 위한 기도를 부탁한다.

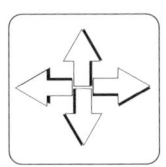

4 전도와 실천(Work)

다음과 같은 포르노물로부터 피할 수 있는 효과적인 방법에 대해 의논하라.
- 포르노 서적
- 단독 해외여행
- 인터넷 포르노물
- 호텔 룸의 포르노 영화
- 윤락행위
- 포르노 비디오
- 친구들로부터 듣는 포르노에 대한 이야기

과제
고린도전서 10장 13절 및 디모데후서 2장 22절을 암기하고 포르노물로부터 피할 수 있도록 서로를 돌아본다.

39 언약과 계약

 환영(Welcome)

1) 아이스 브레이커
가장 축복된 결혼은 어떠한 것이며 그 이유는 무엇인가?

2) 목적과 목표
어떻게 하면 지체 상호간의 관계를 세워나갈 수 있는가?
창조적인 관점에서 이야기하라.

 경배(Worship)

찬송

 말씀(Word)

1) 함께 생각할 내용

<u>신자들의 이혼</u>

한 그리스도인 아내가 역시 그리스도인인 남편으로부터 이혼을 당하였다. 이유는 배우자의 외도나 성적 문제 때문이 아니라 두 사람 간의 의사 소통이 원활하지 못하였기 때문이었다. 이런 상태가 지속되면서 두 사람은 결국 서로에 대한 증오를 쌓아갔던 것이다. 남편은 더 이상 결혼 생활을 유지할 이유가 없다고 생각하고 이혼 절차를 밟았다. 그러나 아내는 마음속으로는 이혼을 받아들이지 않고 계속해서 혼자 살며 남편이 돌아오기만을 기다리고 있다.

2) 토의

토의 1: 남편과 아내는 동일한 죄(증오)를 범했으나 두 사람의 태도에도 차이가 있다. 무엇인가?

토의 2
- 남편은 결혼을 계약으로 보았으나 아내는 언약으로 보았다고 말할 수 있는가?
- 계약과 언약의 차이는 무엇인가(말 2:13~16)?

토의 3: 계약과 언약의 차이를 알았다면 앞으로는 어떠한 자세로 결혼 생활에 임하겠는가?

토의 4: 아내가 계속 기다렸으나 남편은 돌아오지 않고 다른 사람과 재혼했다고 생각해보라. 만일 아내가 언약을 끝까지 붙들고 혼자 산다면 어떻게 될 것이라고 생각하는가? 하나님은 이에 대해 무엇이라고 말씀하시겠는가? (고전 7:10~11; 말 2:16; 엡 5:31~32)

유의 사항
이러한 논의는 두 사람 모두 신자인 경우에만 해당된다. 만일 한쪽 당사자가 믿지 않는 불신 결혼이거나 혹은 별도의 상담이 필요한 특수한 케이스의 경우에는 목회자와 상담해야 한다.

3) 간증
하나님께서 어떻게 자신의 결혼 생활을 회복시켜 주셨는지에 대해 간증하라.

4) 언약에 대한 준수
- 부부가 모두 신자인 경우 교회를 통해 결혼하지 않았다 하더라도 그들의 결혼은 합법적인 언약에 해당한다. 어떤 일이 있더라도 죽을 때까지 이 언약을 준수하겠다고 서약하라.
- 한쪽 배우자가 불신자라 하더라도 어떤 이유로든 이혼해서는 안 된다. 그러나 그 배우자로부터 이혼을 당한다면 그것은 별개의 문제이다(고전 7:13~16).

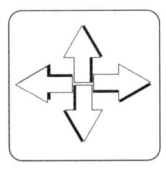 **전도와 실천(Work)**

말라기 2장 15~16절을 암기하라.

40 즐거움 I

 환영(Welcome)

1) 아이스 브레이커
자신의 취미는 무엇이며 그것을 즐기는 이유는 무엇인가?

2) 목적과 목표
자신이 속한 공동체의 목표에 대해 설명해보라.

 경배(Worship)

찬송

 말씀(Word)

토의

토의 1: 선물을 받거나 좋아하는 일에 초대를 받아 즐거웠던 적이 있는가? 그 때의 기분과 무엇을 경험하였는지에 대해 이야기하라.

토의 2: "신자들은 즐거움을 모른다"라고 말을 하는 사람들이 있다. 사실인가? 진지하게 토의해 보라.

토의 3: 하나님께서는 어떠한 즐거움을 누리신다고 생각하는가? (마 17:5; 창 1:31)

토의 4: 다른 지체가 세상적 쾌락에 빠져든다면 어떻게 해야 한다고 생각하는가? 그것이 죄라고 생각하는가? (유 1:21~23; 갈 6:1~2)

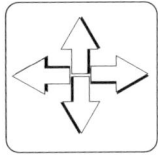 **전도와 실천(Work)**

세상적 쾌락을 즐기는 친구들을 구하기 위한 계획을 세우라. 유다서 1장 21~23절 및 갈라디아서 6장 1~2절을 근거로 하라.

41 즐거움 II

 환영(Welcome)

1) 아이스 브레이커
시간이 남을 때 무슨 일을 하는가? 그 이유는 무엇인가?

2) 헌신
진정한 공동체를 세우기 위해 모든 구성원이 반드시 숙지해야 할 네 가지 헌신은 무엇인가?

 경배(Worship)

찬송

 말씀(Word)

1) 아이스 브레이커
- 40과의 '즐거움 I'을 통해 한 주간 동안 얻은 유익이 있으면 함께 나누라.
- 하나님을 기쁘시게 하는 데 있어서 가장 방해를 받는 부분은 무엇인가? 세상적 즐거움을 더 선택하려는 유혹이 올 때 어떻게 극복하는가?

2) 서로에게 사역하기
하나님께서 주신 은사를 통해 지체를 격려하고 함께 기도하라.

3) 토의

토의 1: 하나님은 우리가 즐거움을 누리는 것을 싫어하시기 때문에, 자신이 누리는 즐거움을 잘못되었다고 생각해 본 적은 없는가? 정말로 그러한가? 하나님께서는 왜 우리가 세상적 즐거움을 우선하는 것을 싫어하신다고 생각하는가? (요일 2:17)

토의 2: 우리가 우리의 기쁨을 찾기보다는 먼저 하나님이 기쁨을 누리시기를 구한다면 하나님께서는 어떻게 하실 것이라고 생각하는가? (시 37:4; 마 6:33) 그와 같은 일을 경험한 적이 있는가? 함께 나누라.

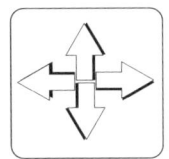 전도와 실천(Work)

함께 암송하라.

"만일 우리가 하나님을 기쁘시게 한다면, 하나님은 우리를 기쁘게 하실 것이다. 또한 우리가 하나님을 최우선하여 하나님 중심의 삶을 산다면, 우리 역시 그러한 자리에 앉게 될 것이다."

(Erwin W. Lutzer)

묵상
어떻게 하면 하나님의 마음을 기쁘시게 하는 사람이 될 수 있는가?

42 학대와 마음의 상처 I

1 환영(Welcome)

1) 아이스 브레이커
7~12세까지 누구와 함께 살았는가?

2) 목적과 목표
건강한 소그룹 공동체의 특징은 무엇인지 설명해 보라.

2 경배(Worship)

찬양

3 말씀(Word)

1) 아이스 브레이커 1
감정적이나 신체적 또는 성적인 학대를 경험한 사람의 말을 들어본 적이 있는가? 이러한 학대의 흔적은 어떻게 나타나는가?

2) 토의

토의 1: 관계의 단절, 버림받음, 이혼, 예속된 생활, 집단에서의 따돌림, 스승이나 영적 지도자로부터의 외면, 친구들의 조롱 등으로 인한 마음의 고통에 대해 의견을 나누라.

토의 2: 이러한 일을 직접 당해 본 적이 있는가? 2~3명씩 그룹을 나누어 자신의 경험에 대해 말하고 자신에게 상처를 준 사람들을 용서하며 하나님의 능력과 사랑으로 위로받을 수 있게 해 달라고 서로 기도하라.

3) 아이스브레이커 2
앞에서 서로를 위해 기도하는 시간을 통해 어떠한 경험을 하였는가?

4) 토의
토의 3: 본장의 교훈에 대해 어떻게 생각하는가? 치유함을 받기 원하는가? 함께 의견을 나누라.

토의 4: 자신이 쓸모없다는 생각과 버림받았다는 느낌을 감추기 위해 어떠한 가면을 쓰는가? 그 사실을 서로 고백하고 서로에게 정직하게 대하라. 자신의 상처를 공개하는 것이 치유의 첫 단계이다.

토의 5: 하나님은 우리를 어떻게 사랑하시는가? (롬 8:33~35)
왜 우리는 가치있는 자인가? (고후 5:16~17)

5) 간증
다음 구절을 함께 암송하라.
"나는 내가 하는 일이나 나 자신의 외모나 내가 거둔 성공으로 인해 가치있는 것이 아니라, 무조건적인 사랑을 받은 자로서 새로운 피조물이기 때문에 가치있다" (고후 5:16~17 참조).

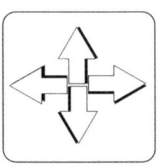 전도와 실천(Work)

어떻게 하면 서로 치유함을 줄 수 있는 공동체를 만들 수 있는가?

묵상
어떻게 하면 하나님께 받은 내적 치유함의 상태를 항상 유지할 수 있는가?

43 학대와 마음의 상처 II

 환영(Welcome)

1) 아이스 브레이커
부모님과의 관계에 대해 간략히 이야기해 보라.

2) 목적과 목표
왜 소그룹 공동체는 반드시 번식해야 하는가?

 경배(Worship)

찬양

 말씀(Word)

1) 아이스 브레이커
지난 시간의 주제(학대와 마음의 상처 I)를 통해 어떠한 유익을 얻었는가?
함께 나누라.

2) 토의
토의 1: 자신에게 상처를 준 사람을 완전히 용서해 본 적이 있는가? 자신의 경험을 함께 나눔으로 아직도 용서하지 못하고 있는 지체들에게 다른 사람을 용서할 수 있는 힘과 용기를 주라.

토의 2: 마태복음 18장 21~35절 및 로마서 12장 19~21절을 통해 용서에 대한 교훈을 찾아보라. 용서의 원리는 무엇인가?

3) 고백

"용서는 단지 몇 번하고 마는 것이 아니라, 일흔 번씩 일곱 번 하는 것이다. 즉 용서는 끊임없이 지속되어야 하는 삶의 방식인 것이다."

토의 3: 하나님의 치유하심을 얻기 위해, 용서하지 못하는 죄를 끊기 위해 무엇이 선행되어야 하는가? (벧전 4:1~2)

토의 4: 사람이 구원을 받은 후 하나님의 영광(하나님의 성품)을 받기 위해서는 무엇을 경험해야 하는가? 우리는 무엇을 자랑하여야 하는가? (롬 5:1~5)

4) 고백

다음 구절을 함께 암송하라.
"죄의 굴레로부터 벗어날 수 있는 유일한 방법은 십자가의 예수님처럼 고난을 견디는 것이다."

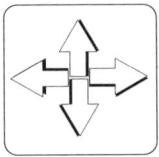 **4 전도와 실천(Work)**

묵상

자신이 받은 상처가 생각날 때마다 십자가에 달리신 그리스도와 같이 저들을 용서해야 한다. 얼마나 오랫동안 참아야 하는가? 그리스도께서 참으신 만큼 인내해야 한다. 고난을 인내하는 가운데 어느덧 여러분은 죄에 대하여 죽어 있는 자신을 발견하게 될 것이다. 그 근거는 그리스도께서 우리 죄를 대신하여 죽으셨다는 사실에 있다(롬 6:5~7).

44 복수

 **환영(Welcome)**

1) 아이스 브레이커
적대적 관계를 유지하고 있는 사람이 있는가? 이유는 무엇인가?

2) 헌신
진정한 공동체를 세우기 위해 모든 구성원이 반드시 숙지해야 할 네 가지 헌신은 무엇인가?

 **경배(Worship)**

찬양

 **말씀(Word)**

1) 그룹 활동
3~4명씩 그룹을 나누어 아래에 기록된 각각의 경우에 대해 서로 토의한다.

2) 사건

사건 I: 어느 날 친구가 돈을 빌려간 후 갚지 않았다. 사실 그는 처음부터 의도적으로 돈을 갚지 않을 생각이었다. 그는 처음부터 돈을 빌린 것이 아니라 돈을 받은 것이었다고 말하였다.

사건 II: 나를 질시하고 부러워하는 친구가 있다. 그는 다른 친구들에게 나를 근거

없이 비방하고 헐뜯어 나를 멀리하도록 만들었다.

사건 III: 부모님으로부터 오해를 받아 가혹한 처벌을 받았다. 그분들은 자초지종을 물어보거나 변명할 기회조차 주지 않았다. 그분들은 내 말은 듣지 않고, 다른 사람의 말만 들었다. 그들이 하는 말의 90%는 거짓이었다.

3) 토의

토의 1: 각 경우에 대하여 자신의 감정을 솔직하게 말하라. 자신이 누군가에게 상처를 받는다면 어떻게 할 것인가? 누군가에게 이용당한 경우 스코어 상으로는 1:0이라고 생각하는가?

토의 2: 손해를 입었을 경우 복수를 함으로 스코어를 1:1로 만들어야 한다고 생각하는가?

토의 3: 복수를 하고 나면 마음이 편해질 것 같다고 생각하는가? 복수의 부정적 결과는 무엇인가?

토의 4: 그렇다면 세상은 너무 불공평한 것이 아닌가? 누가 공의에 대한 책임을 져야 하는가? 원수 갚는 권리가 누구에게 있는가? (롬 12:18~21)

4) 간증
부당하게 대우를 받았거나 마음의 상처를 입은 적이 있는가? 하나님의 말씀에 순종함으로 이 문제를 극복한 적이 있으면 함께 나누라.

5) 서로 사역하기
하나님의 말씀을 지금 즉시 시행하라. 즉 자신에게 상처를 준 사람들을 용서하고 위하여 축복하라. 그리고 그들을 위하여 기도하라.

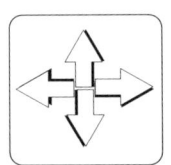

4 전도와 실천(Work)

이달 중 불신자에게 전도할 수 있는 전략을 세우라.

45 인내

 **환영(Welcome)**

1) 아이스 브레이커
지금까지 만난 시련 가운데 가장 큰 것은 무엇인가?

2) 목적과 목표
자신이 속한 공동체의 목적과 목표는 무엇인지 창조적인 입장에서 설명하라.

 **경배(Worship)**

찬양

 **말씀(Word)**

1) 아이스 브레이커
더 이상 견딜 힘이 없어 일을 포기한 적이 있는가? 주변 사람들 가운데 더 이상 인내할 수 없어 포기하고 만 경우가 있으면 함께 나누라.

2) 토의
토의 1: 일반적으로 사람들은 무엇 때문에 포기한다고 생각하는가?

토의 2: 자신이 특히 포기하기 쉬운 약한 부분은 무엇인가? 친구들과 함께 의견을 나누어 보라. 실제로 그 부분이 약한가? 아니면 스스로 강하지 않다고 생각할 뿐인가?

토의 3: 세상은 고난이 없는 사람이 복되다고 말하나 성경은 누가 복되다고 말하는가?(약 1:12)

토의 4: 자신의 힘으로는 도저히 감당할 수 없는 일(시험)이 있다고 생각하는가? (고전 10:13)

자연의 교훈

어떠한 시련에도 굴하지 않고 절대 포기하지 않는 고기가 있는데 그것은 연어이다. 이 고기는 강에서 태어나 바다에서 자란다. 이 연어는 산란기가 되면 어떠한 위험(사람, 곰)에도 불구하고 수백 마일이나 되는 물살을 거슬러 자신이 태어났던 곳으로 돌아온다. 연어는 종족 번식에 대한 강한 열망으로 생명을 내어 놓고 포기하고 싶은 마음과 싸운다. 연어는 알을 낳은 후 죽음을 맞이하며 자신의 살점은 새끼들의 먹이로 내어 놓는다.

토의 5: 포기할 경우 입게 되는 손실에는 어떠한 것이 있는가?

3) 간증
하나님께서는 어떻게 우리로 하여금 인내하며 참게 하셨는가?

4) 서로 사역하기
자신이 포기하고 싶은 부분이 무엇인지에 대해 함께 의견을 나눈다. 인내하는 성품을 가질 수 있도록 서로 위해서 기도하라.

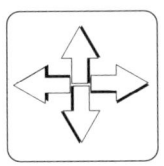 **4 전도와 실천(Work)**

어떻게 하면 인내와 참음으로 다른 사람들을 도우며 그들의 영혼을 구할 수 있는가?

46 옛 습관과 새로운 습관

 ### 1 환영(Welcome)

1) 아이스 브레이커

각자 자신이 가진 좋은 습관 한 가지와 나쁜 습관 한 가지를 말하라.

 2) 목적과 목표

자신이 속한 공동체의 목적과 목표에 대해 자세히 창조적으로 설명하라.

 ### 2 경배(Worship)

찬양

 ### 3 말씀(Word)

1) 그룹 활동

팔짱을 끼어보라. 오른 팔과 왼 팔 가운데 어느 쪽 팔이 위로 올라갔는가? 팔을 바꾸어서 다시 팔짱을 끼어보라(위에 놓인 팔을 아래로 내려라). 어떤 느낌이 있는가? 불편하지 않는가? 이것이 바로 습관이다. 습관은 고치기 힘들다.

2) 토의

토의 1: 어릴 적 버릇(손을 무는 버릇 등)을 아직도 가지고 있지는 않는가? 이런 버릇은 없다 하더라도 다른 사람을 화나게 하고 그들에게 해가 되는 습관은 누구에게나 있을 것이다. 자신의 습관에 대해 함께 나누라.

토의 2: 자신을 완전히 속박하고 있는 습관에 사로잡혀 있는 사람도 있을 것이다. 다음과 같은 습관에 빠진다면 어떻게 되겠는가? 함께 의견을 나누라.
• 수음 • 식탐 • 포르노물 • 마약 • 의심증 • 술취함 • 흡연

3) 간증
나쁜 습관에 사로잡혔다가 극복한 적이 있는가? 자신의 경험을 말하라.

4) 서로 사역하기
이러한 나쁜 습관은 단순한 문제가 아니라 죄라는 사실을 고백해야 한다. 그것이 죄라면 회개해야 한다(약 5:15~16). 우리는 이러한 죄를 다른 친구들에게 고백함으로서 얽매인 습관에서 벗어날 수 있다.

5) 마음의 회개
나쁜 습관은 자신의 삶을 나쁜 생각(죄)이 지배하도록 버려두었기 때문에 비롯된 것이다.

토의 3: 죄에 얽매이게 되는 과정에 대해 생각해 보았는가? 악한 생각은 선한 생각으로 바뀌어야 한다. 즉 하나님의 말씀(하나님의 생각)이 지배하게 해야 한다. 악하고 죄악된 생각 대신 하나님의 말씀 한 구절 한 구절이 우리 머리 속에 맴돌아야 한다.

6) 일관성
나쁜 습관은 좋은 습관으로만 퇴치할 수 있다. 그러므로 새로운 생각을 통해 새로운 습관을 형성해야 한다. 습관은 같은 행위를 약 40번쯤 반복함으로 얻을 수 있다.

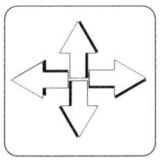 **전도와 실천(Work)**

서로를 도와 나쁜 습관을 극복해 나갈 것을 다짐하라.

과제
어떻게 하면 새로운(선한) 습관을 형성할 수 있는가?

47 돈 관리

 1 환영(Welcome)

1) 아이스 브레이커
돈이 떨어져 고생한 적이 있는가? 각자의 경험을 말하라.

2) 헌신
진정한 공동체를 세우기 위해 모든 구성원이 반드시 숙지해야 할 네 가지 헌신은 무엇인가?

 2 경배(Worship)

찬송

 3 말씀(Word)

1) 그룹 활동
만일 각자에게 3천만원을 주면서 4~5일 안에 전부 다 쓰라고 한다면 어떻게 할 것인가? 돈을 어디에 사용할 것인지 조목조목 기록해 보라.

2) 토의
토의 1: 공동체를 3~4명씩 여러 개의 작은 그룹으로 나누고, 각자 자신의 계획에 대해 말하게 한다. 계획은 현실적인가? 조금도 과장되지 않고 솔직한 마음에서 우러나온 계획인가?

토의 2: 그룹 활동을 통해 어떠한 물질관을 배웠는가?

토의 3: 디모데전서 6장 6~10절을 읽어보라. 우리는 어떠한 물질관을 가져야 하는가? '만족'과 '정욕'(8~9절)은 다른 말임을 유념해야 한다. 각자의 경험을 말하라.

3) 간증
'돈은 훌륭한 하인이자 나쁜 주인이기도 하다'는 속담이 있다. 이 속담의 뜻이 무엇이라고 생각하는가? 돈이 하인일 때와 주인일 때 어떻게 다른가? 각자 성공담과 실패담을 말해보라.

4) 서로 사역하기
물질적 자유(돈의 지배를 받지 않음)를 누릴 수 있도록 서로 도우라.

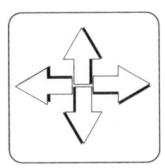

4 전도와 실천(Work)

어떻게 하면 자신의 재산을 투자하여 하나님의 나라를 확장하며 영혼을 구할 수 있는가?

과제
자신이 재산 관리의 주체가 되어야 하며 결코 돈이 자기를 지배하게 해서는 안 된다는 사실을 배우고 즉시 시행하라. 누가복음 16장 13절을 읽어보라.

48 하나님 나라의 경제

 **환영(Welcome)**

1) 아이스 브레이커

우리의 물질을 축복하시는 하나님의 신실하심에 대해 나누라.

2) 목적과 목표

- 소그룹 공동체의 목표는 무엇인가?
- 공동체가 번식하는 날을 언제쯤으로 예정하는가?

 **경배(Worship)**

찬송

 **말씀(Word)**

1) 함께 생각할 내용

십일조와 헌금을 드리고 나면 한 달 생활비가 모자라는 상황에 처했다고 가정해 보라.

2) 토의

토의 1: 이와 같은 상황에서 자신은 어떻게 할 것인지 말해보라. 먼저 십일조와 헌금을 바치고 남는 돈으로 부족한 생활을 할 것인가, 아니면 (십일조와 헌금을 바치지 않고) 모두 생활비로 충당할 것인가?

토의 2: 자신의 인생에서 경제적인 문제를 누가 책임을 지는가?(마 6:31~33) 각자의 경험을 말하라.

토의 3: 하나님 나라의 경제 원리는 어떤 것인가?(고후 9:6~12)

3) 간증
성경적 경제 원리를 통해 하나님의 축복을 받았던 경험에 대해 서로 간증하라.

4) 서로 사역하기
하나님 나라의 경제 원리에 따라 살 수 있도록 서로 돕는다. 아직 이 원리에 따라 살지 못하고 있는 지체들이 있다면, 점차 이 원리를 받아들일 수 있도록 기도하고 격려한다.

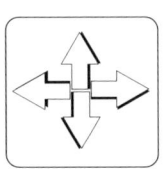 전도와 실천(Work)

- 하나님의 선한 사업에 함께 투자하라.
- 억지로 하지 말고 믿음과 기쁨으로 감당하라.

묵상
잠언 28장 22절 및 11장 24절을 암송하고 그 말씀대로 실천하라.

49 정직

 환영(Welcome)

1) 아이스 브레이커
다른 사람의 유익을 위한 '악의 없는 가식적인 말'에 대해 어떻게 생각하는가?

2) 목적과 목표
그리스도의 제자가 된다는 것은 무엇을 의미하는지 설명해 보라. 왜 이러한 비전을 품어야 하는가?

 경배(Worship)

찬송

 말씀(Word)

1) 토의

토의 1: 어느 날 교회(또는 학교)에서 만원을 주웠다면 어떻게 할 것인가? 자신이 가질 것인가 아니면 주인을 찾아주거나 그 돈이 필요한 다른 사람에게 주겠는가?

토의 2: 학교나 직장 또는 정부나 교회 단체 가운데 최근 남을 속이거나, 정직하지 못하다고 생각한 기관이 있는가?

토의 3: 정직하지 못하거나 남을 속이게 되는 이유는 무엇이라고 생각하는가?

토의 4: 정직과 관련하여 다음과 같은 상황에 처한다면 어떠한 자세를 가져야 하는가?

1. 자신이 속한 단체의 사람들이 대부분 가식적인 말로 남을 속일 경우.
2. 모범이 되어야 할 사람들(교사, 소그룹 리더, 영적 지도자, 강사 등)이 가식적으로 말하거나 속일 경우.

2) 서로 사역하기

토의를 통해 주께로부터 거짓과 속임에 대한 영적 깨달음을 받은 것이 있다면 솔직하게 고백하라. 각자가 받은 은사에 따라 서로를 위해 기도하고 도우라.

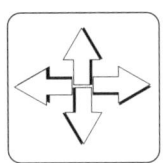 **전도와 실천(Work)**

불신자와의 관계 형성을 위해 적어도 매주 두 시간 정도 특별히 시간을 내라. 그들에게 유익과 축복이 될 수 있는 일을 하라.

실천

하나님과 이웃과의 관계에 있어서 정직을 생활화함으로 하나의 삶의 방식이 되게 하라.

50 험담

 **환영(Welcome)**

1) 아이스 브레이커
어떠한 표현을 사용하면 가장 축복이 될 수 있는가?

2) 헌신
진정한 공동체를 세우기 위해 모든 구성원이 반드시 숙지해야 할 네 가지 헌신은 무엇인가?

 **경배(Worship)**

찬송

 **말씀(Word)**

1) 그룹 활동
소그룹을 두 그룹으로 나누고 '귓속말' 게임을 한다. 메모지에 적힌 문장을 보여준 후 한 사람씩 귓속말로 옮기게 한다. 마지막 사람은 자신이 들은 것을 크게 말한다. 처음 내용과 일치하는 팀이 이긴다.

2) 아이스 브레이커 1
이 게임을 통해 말과 관련하여 무엇을 깨달았는가?

3) 토의

토의 1: 주변에서 어떤 험담을 들었다고 생각하는가?

토의 2: 남자와 여자 중 누가 더 많이 험담한다고 생각하는가?

토의 3: 다른 사람에 대한 사실을 말하는 것도 잘못인가? 험담과 중상은 어떻게 다른가?

4) 아이스 브레이커 2

험담의 대상이 되었던 경험에 대해 함께 나누라.

5) 서로 사역하기

남의 입에 오르내림으로 마음의 상처를 받은 지체들에게 하나님의 능력을 경험하고 치유함을 받을 수 있도록 위하여 기도하라.

토의 4: 주님께서 험담이나 중상모략에 대한 교훈을 주신 것이 있으면 함께 나누라.

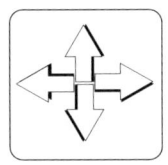 **4 전도와 실천(Work)**

마태복음 12장 36~37절을 암송하라.
험담이나 중상하는 죄를 범하지 않도록 하라. 이런 사람들이 있으면 주님의 사랑으로 훈계하라.

51 가면을 벗은 세대

 환영(Welcome)

1) 아이스 브레이커
자신의 성격에 대해서 말하라. 내성적인가 아니면 외향적인가?

2) 목적과 목표
왜 공동체의 일원이 되었는가? 창조적인 관점에서 말해보라.

 경배(Worship)

찬송

 말씀(Word)

1) 그룹 활동
나는 어떤 사람인가?
2~3명씩 그룹을 나누어 다른 사람의 성격을 추측하여 이야기 한다(예를 들어 누구는 명랑하고 독서를 좋아하며 싸움을 싫어한다). 각자의 추측에 대해 본인이 사실 여부를 밝힌다.

토의 1: 이 게임을 통해 사람의 성격은 다른 사람에게 드러날 수도 있고 숨겨질 수도 있음을 알 수 있다. 자신의 본 모습을 감추기 위해 위선적인 모습이나 행동을 하는 사람들을 보았는가? 사람들은 주로 어떤 식으로, 무엇을 가지고 자신의 모습을 감추려 하는가에 대해 토의하라.

토의 2: 사람들은 왜 자신의 본 모습을 감추려 하는지 적어도 세 가지 이유를 찾아보라.

2) 간증
본 모습을 감추기 위해 가면을 쓴 적이 있는가? 이와 관련하여 다른 지체들에게 용기를 줄 수 있는 성공적인 사례가 있으면 말해보라.

3) 서로에 대한 용납
3~4명씩 그룹을 형성하여 각자 다른 사람에 대한 불안한 마음이나 열등감에 대해 솔직히 털어놓고 자신을 있는 그대로 드러내라. 이제까지 아무에게도 말하지 않고 가슴에 묻어둔 이야기를 하라(내키지 않으면 하지 않아도 좋다). 이야기가 끝나면 서로에게 "나는 아무런 조건없이 당신을 용납하고 받아들이겠다"라고 말한다. 그런 다음 서로를 위한 기도를 통해 자신이 가치 있는 존재이며 아무런 조건 없이 받아들여졌다는 사실을 알 수 있게 하라.

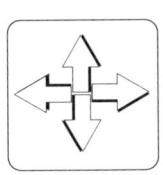

 전도와 실천(Work)

공동체 안에서 서로에게 자신을 숨김없이 열며 또한 서로를 아무런 조건없이 받아들이겠다고 다짐하라.

52 무관심

 환영(Welcome)

1) 아이스 브레이커
누가 자신을 가장 잘 돌보아 줄 것이라고 생각하는가? 그 이유는 무엇인가?

2) 헌신
진정한 공동체를 세우기 위해 모든 구성원이 반드시 숙지해야 할 네 가지 헌신은 무엇인가?

 경배(Worship)

찬송

 말씀(Word)

1) 함께 생각할 내용
"상관하지 않겠다"는 말을 들어 본 적이 있는가?

주변에서 흔히 듣는 말 가운데 '상관하지 않겠다'는 말은 오늘날 많은 젊은이들의 마음을 그대로 대변하는 말이라 하겠다. '상관하지 않는' 마음은 바로 무관심한 마음을 나타낸다.

2) 토의
토의 1: 3~4명씩 그룹을 나누어 고등학생이나 대학생들이 가정에서 가장 무관심한 영역이 어디인지 찾아보라.

토의 2: 학교나 캠퍼스에서 고등학생이나 대학생들은 무엇에 대해 가장 무관심한가? 왜 이들은 그런 일에 대해 무관심하다고 생각하는가?

토의 3: 작은 무관심이 보다 큰 무관심을 불러일으킬 것이라고 생각하는가? 그 결과는 어떻게 되겠는가? 궁극적인 피해자는 누구인가?

3) 서로에게 사역하기
학교나 가정에서 어떤 일에 무관심했는가? 이러한 마음에서 회복할 수 있도록 서로를 위하여 기도하라.

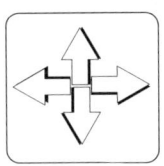 전도와 실천(Work)

먼저 가정에서 가족들에게 관심을 쏟고, 그 다음 학교나 캠퍼스에서 다른 사람들에게 관심을 확대하는 방안에 대해 토의하라.

53 젊은이들의 오락

 **환영(Welcome)**

1) 아이스 브레이커
자신이 가장 즐기는 취미 두 가지를 말해보라.

2) 헌신
진정한 공동체를 세우기 위해 모든 구성원이 반드시 숙지해야 할 네 가지 헌신은 무엇인가?

 **경배(Worship)**

찬송

 **말씀(Word)**

1) 그룹 활동

가장 좋아하는 오락 찾기

3~4명씩 여러 개의 그룹으로 나누고 그룹별로 메모지를 나누어준다. 학교에서 요즘 젊은이들이 가장 좋아하는 오락 4가지를 찾아 기록하게 한다(예를 들어 각종 게임이나 락 음악 또는 비디오 게임 등).
그룹별 결과를 취합한 후 가장 좋아하는 오락 4가지의 리스트를 만든다.

2) 토의

토의 I: 이들 오락을 좋아하는 이유는 무엇인가? 만일 이러한 오락을 좋아하지 않는다면 그 이유는 무엇이며 자신이 가장 좋아하는 오락은 무엇인가?

3) 함께 생각할 내용
잠시 눈을 감고 자신이 가장 많이 하는 생각이 무엇인지 찾아보라(예를 들어 나쁜 생각, 부모님과의 갈등, 숙제를 게을리하는 것, 너무 생각을 많이 하는 것, 스트레스 등)

토의 2: 죄라고 생각되는 오락이 있는가? 그 이유는 무엇인가?

토의 3: 오락적 행위와 탈출구로써의 도피적 행위의 차이점에 대해 진지하게 논의해 보라. 나무는 그 열매를 보아 알 수 있다는 사실에 유의하라.

4) 서로 사역하기
도피적 행위나 악한 행위에 대해 간략히 나누라. 어떠한 죄가 자신을 구속하고 있는가? 이러한 죄에서 완전히 벗어날 수 있도록 친한 지체에게 기도를 부탁하라.

토의 4: 자신의 미래에 영향을 줄 수 있는 유익한 행위들에는 어떠한 것이 있는지 찾아보라. 악한 행위나 도피적 행위를 피하라.

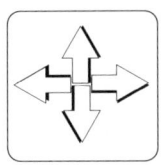 **전도와 실천(Work)**

건전하지 못한 행위로부터 서로를 보호할 수 있는 방법에 대해 찾아보라.

묵상
요한일서 2장 15~16절을 묵상하고 암기하라.

54 주변의 압력

 환영(Welcome)

1) 아이스 브레이커
자신의 인생에서 가장 영향력있는 사람은 누구인가?

2) 목적과 목표
왜 공동체 사역에 동참하게 되었는가? 창조적인 관점에서 말해보라.

 경배(Worship)

찬송

 말씀(Word)

1) 함께 생각할 내용
어느 날 학교에서 한 친구가 유행(예를 들어 헤어 스타일, 의복, 음악, 말투 등)을 따를 것을 권했다고 가정해 보라. 대부분의 친구들은 새로운 유행을 따르고 있으며 자신은 이러한 친구들로부터 은근히 유행을 따라야 한다는 압박감을 느끼기 시작하였다.

2) 토의
토의 1: 이와 같은 상황에서 과연 어떻게 반응할 것인가? 다음 대답 가운데 한 가지 이상의 대답을 선택하고 그 이유를 말하라.

a. 즉시 유행을 좇는다.   b. 유행을 따르기 전에 부모님에게 물어본다.
c. 성경에서 대답을 찾는다.   d. 유행을 좇아가는 것을 싫어한다.
e. 자신의 고집대로 한다.

토의 2: 학교에서 친구들로부터 이러한 압력을 받은 적이 있는가? 다음 중 가장 영향을 받기 쉬운 부분이 무엇인지에 대해 의견을 나누라.

- 패션
- 오락
- 헤어스타일
- 돈
- 생활방식
- 말투
- 생활 원리
- 취미

토의 3: 유행을 따르는 것이 잘못이라고 생각하는가? 건전한 유행과 건전하지 못한 유행의 차이점이 무엇인가?

토의 4: 다니엘과 세 친구는 결국 어떻게 되었는가? 하나님께서는 담대함을 가지고 용감하게 나아가는 자들을 보호하시는가?

토의 5: 다니엘은 어떻게 세상의 악한 풍조를 따르지 않고 살 수 있었는가? (단 1:8~9)

3) 간증
하나님께서 악한 친구나 환경으로부터 어떻게 당신을 회복시켜 주셨는지 간증하라.

4) 서로 사역하기
성찬을 받기 전에 세상 풍조의 영향을 받고 있는 공동체의 지체들에게, 유행에 맞서 싸울 수 있는 담대함을 허락해 달라고 기도하라. 성찬에 참여하기 전 자신의 죄를 고백하라.

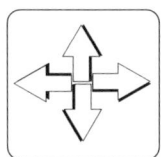 **전도와 실천(Work)**

주변의 압력에 의해 나쁜 풍조에 휩쓸리지 않도록 서로 돌보며 지켜주겠다고 다짐하라.

실천
어떻게 하면 소신을 굽히지 않으면서도 불신자들과의 일정한 관계를 유지할 수 있고, 그들의 영혼을 구할 수 있을까?

묵상
로마서 12장 1~2절을 암송하고 실행에 옮기라.

55 경쟁심리

 **환영(Welcome)**

1) 아이스 브레이커
가장 기억에 남는 승리의 경험이 무엇인가?

2) 목적과 목표
소그룹 공동체의 목표에 대해 설명하라.

 경배(Worship)

찬송

 말씀(Word)

1) 그룹 활동
<u>물건 길게 잇기 게임</u>
소그룹 공동체를 같은 인원을 가진 2~3개의 그룹으로 나누고 한 줄로 세운다. 각자 몸에 걸치고 있는 물건을 바닥에 내려놓아 가능한 길게 잇는다. 가장 길게 잇는 팀이 이긴다(게임할 공간이 좁을 경우 다른 게임을 해도 된다).

2) 토의
토의 1: 인생은 경쟁의 연속이라고 생각하지 않는가? 젊은 사람들은 주로 무슨 일로 경쟁을 하는가?

토의 2: 3~4명씩 그룹을 만들어 경쟁심리를 유발하는 행위에 대해 토론한다.

- 교회에서 악기를 다루는 일
- 이성으로부터 관심의 대상이 되는 것
- 리포트에서 높은 점수를 받음
- 부모의 관심을 모음
- 친구들의 인정을 받음
- 교수로부터의 높은 점수를 받음
- 다른 교회 지체들로부터 좋은 인상을 얻음
- _____

토의 3: 왜 젊은이들이 쉽게 경쟁심리에 사로잡힌다고 생각하는가? 경쟁을 통해 그들이 궁극적으로 추구하는 것은 무엇인가?

토의 4: 토의를 통하여 사람들이 경쟁을 하는 두 가지 이유를 발견하게 될 것이다. 즉 하나는 선하고 건전한 이유에서이고 또 하나는 선하지 못하고 불건전한 이유 때문이다. 둘의 차이는 무엇인지 설명해 보라.

3) 간증
건전하지 못한 이유로 경쟁해 본 적이 있는가? 이러한 경쟁심리에 사로잡힌 자들의 고통이 어떠한 것인지에 대해 함께 나누라. 하나님께서는 어떻게 이러한 경쟁심리로부터 벗어나게 하셨는가?

4) 서로 사역하기
선하지 못한 경쟁심리로부터 벗어날 수 있도록 서로를 위해 기도하라. 자신이 받은 영적 은사들을 사용하여 서로를 위해 기도하라.

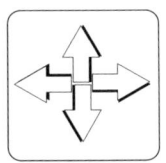

 전도와 실천(Work)

모든 지체는 건전하지 못한 경쟁심리를 버리고 선한 경쟁을 할 수 있도록 서로 도울 것을 다짐하라.

"우리가 만일 다른 사람의 성공을 위해 도와준다면 하나님께서 우리의 성공을 위해 도와주실 것이다."

56 집단과 파벌

 환영(Welcome)

1) 아이스 브레이커
어떤 타입의 사람이 자신과 가장 가까운 친구가 될 수 있는가?

2) 목적과 목표
왜 공동체에 참여하는지 이유를 설명하라.

 경배(Worship)

찬송

 말씀(Word)

1) 그룹 활동
모든 지체에게 나누어 줄 수 있도록 종이를 충분히 준비한다. 나누어 줄 종이에 '개'(40%), '새'(40%), '박쥐'(20%)의 이름을 적고 섞는다. 종이를 뽑은 사람은 쪽지에 적힌 동물 이름에 따라 자신이 속한 집단을 찾아야 한다. 소수집단인 '박쥐' 그룹은 '개'나 '새' 집단 중 한 쪽과 동맹을 맺어야 한다. 이 때 '박쥐' 그룹은 함께하려는 집단과 자신이 어떤 점에서 유사한지 근거를 밝혀야 하며 '개'나 '새' 집단은 '박쥐'가 들어오지 못하도록 둘의 차이점을 설명하며 반박해야 한다. 이 게임을 통해 얻은 교훈이 무엇인가? 집단에 속한다는 것은 무엇을 의미하는가?

토의 1: '박쥐' 그룹으로서 느낀 감정에 대해 말해보라. 집단 의식에 관해 무엇을 깨달았는가?

토의 2: 다음과 같은 상황에 처한 경우 어떻게 할 것인가?
1. 학교에서 부유층 집단에 속하고 싶었으나 그들이 "너는 우리와 어울리지 않는다"는 말로 거절했다.
2. 새로 전학온 학급에 '겁장이 그룹' '부유층 그룹' '문제아 그룹' 등 세 부류의 집단이 형성되어 있었다. 이들 집단 가운데 한 그룹에 가입하려 했으나 "너는 처음 왔다"는 이유로 거절당하였다.
3. 어느 날 한 교회 지체가 이렇게 말하였다. "당신은 너무 교만한 것 같다. 당신은 항상 자신이 소속된 집단에 대해서만 말한다."

토의 3: 집단이나 파벌이 주는 해악에는 어떠한 것이 있는지 함께 찾아보라.

2) 간증
집단이나 파벌의식을 가져본 적이 있는가? 하나님께서는 어떻게 회복시켜 주셨는가?

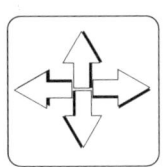
4 전도와 실천(Work)

성찬에 참여하기 전, 이상의 토의를 통해 자신에게 파벌 의식이 있다는 사실을 깨달았다면(의식적이든 무의식적이든) 이러한 죄를 서로 고백하고 돌아가며 서로를 위해 기도하라.

서약
자신의 공동체를 다른 사람의 영혼을 건지는 건전한 공동체로 만들겠다고 다짐하라.

57 흡연

 **환영(Welcome)**

1) 아이스 브레이커
자신이 가장 좋아하는 음식 두 가지를 말해보라. 이유는 무엇인가?

2) 헌신
진정한 공동체를 세우기 위해 모든 구성원이 반드시 숙지해야 할 네 가지 헌신은 무엇인가?

 **경배(Worship)**

찬송

 **말씀(Word)**

1) 토의

토의 1: 여러분은 라디오나 TV를 통해 "흡연은 암이나 심장병 및 불임을 유발할 수 있으며 임산부나 태어날 아기 모두에게 해롭다"는 금연 광고를 듣거나 본 적이 있을 것이다. 왜 사람들은 흡연이 위험하다는 사실을 알면서도 담배를 끊지 못한다고 생각하는가?

토의 2: 흡연으로 인해 발생할 수 있는 해로움이나 위험에 대해 말해보라.

토의 3: 한 조사에 따르면 많은 젊은이들이 대개 10대부터 담배를 피운다고 한다. 왜 그들은 담배를 피운다고 생각하는가? 이러한 습관 뒤에 숨은 진정한 원인은 무엇인가?

토의 4: 젊은 사람이 자신은 이미 어른이 되었다고 보여주거나, 홀로 설 수 있다는 능력을 과시하기 위하여 하는 행동에는 무엇이 있는가?

2) 간증
흡연에 빠져본 적이 있는가? 하나님께서는 어떻게 그러한 상태에서 벗어나게 하셨는가?

3) 구원
흡연의 굴레로부터 벗어나기를 원하는 친구가 있을 경우 다음과 같은 단계적 조치를 취한다.

1. 고백: 반항심, 과시욕, 따돌림에 대한 두려움, 현실 도피 등 흡연의 동기를 고백하라.
2. 용서: 담배를 피우게 한 친구를 용서하라. 자신에게 상처를 준 부모를 용서하라.
3. 회개: 회개란 죄를 뉘우치고 떠나는 것이다. 흡연의 굴레로부터 떠나겠다고 결심하라. 모든 굴레는 죄이다.
4. 기도: 하나님께 흡연의 굴레로부터 벗어나게 해달라고 기도하라. 니코틴 등 온갖 담배의 독성으로부터 자신의 몸을 깨끗이 해 달라고 기도하라.

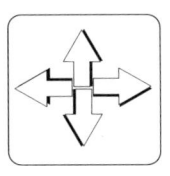 **전도와 실천(Work)**

서로 마음을 열고 다음 사항을 준수하도록, 서로 돌보며 지키겠다고 다짐하라.
1. 흡연의 굴레로부터 벗어난 사람은 다시는 이러한 굴레에 얽매이지 않도록.
2. 아직 이러한 굴레에 속박당해 보지 않은 사람은 결코 이러한 굴레에 얽매이지 않도록.

주일 설교

 환영(Welcome)

1) 아이스 브레이커
한 주간의 생활에서 가장 기억에 남는 일은 무엇인가?

2) 목적과 목표

 경배(Worship)

찬송

 말씀(Word)

1) 그룹 활동
아이스 브레이커: 그룹 활동을 통해 얻은 교훈은 무엇인가?

2) 토의
토의 1: 지난 주 설교의 핵심 내용은 무엇인가?

토의 2: 지난 주 설교 내용 중 자신에게 가장 큰 유익을 주었던 것은 무엇인가?

토의 3: 주일 설교를 통해 어떠한 진리를 깨달았는가? 또한 그 진리를 자신의 삶을 통해 경험하고 있는가?

3) 서로 사역하기
각자가 받은 능력과 사랑과 진리를 통해 서로를 세워줌으로써, 진리를 깨닫지 못한 지체들이 설교를 통해 진리를 깨닫고 자신의 삶에서 실천할 수 있도록 도와주라.

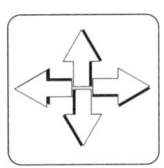  전도와 실천(Work)

어떻게 하면 설교에 나타난 원리들을 통해 다른 사람들을 축복하며 그들의 영혼을 구할 수 있는가?

참고 문헌

1. B. Jenkins Jerry, *Kiat-Kiat Melindungi Pernikahan Anda*, Gospel Press, 2002.
2. Baluyot Ben, *Strategi Menjangkau Bangsa Modul 1, 2 dan 3*, Metanoia, 1995.
3. Chirona Mark, Dr, *Melangkah Menuju Kemuliaan*, Metanoia, 2001.
4. Connell Mike, *Bahan Seminar Karunia-Karunia Roh Kudus*, Pundi Sarfat.
5. Conrad Marilyn, *An Alternative To Divorce*, Covenant Keepers, Inc., 1995.
6. Crabb Larry, *Connecting*, Word Publishing, 1997.
7. Crabb Larry, *Inside Out*, Nav Press, 1988.
8. Crabb Larry, *The Safest Place on Earth*, World Publishing, 1999.
9. Gothard Bill, *Research In Principles Of Life Basic Textbook*, Institute In Basic Life Principles, Inc., 1979, 1981.
10. Hybels Bill, Siapa Anda, *Ketika Tidak Ada Yang Memperhatikan?*, Gospel Press, 2000.
11. Louis Cole Edwin, *Materi Pembinaan Pria*, Christian Men's Network.
12. M. Stump, Ted and Bennardo, Tom, *Student Led Cell Group Topics*, High Impact Publishing, 1995, 1997.
13. Meyer Joyce, *Perhiasan Kepala Ganti Abu*, Metanoia, 2001.
14. Me Ginnis, Alan Loy. *Faktor Dalam Persahabatan*, Metanoia, 1997.
15. Pangellah Samition dan tim, *Materi Training Posko Lumbung*, PPGA.
16. Pangellah Samition dan tim, *Materi Teaching/Kotbah*, Pundi Sarfat.
17. Pangellah Samition dan tim, *Prophetic Priestly Worship*, Metanoia, 1999.
18. W. Neighbour Jr Ralph, *The Shepherd's Guide Book*, Touch Outreach Ministries, 1991.
19. R. W. Stott John, *Kotbah Di Bukit*, Yayasan Komunikasi Bina Kasih/OMF, 1988, 1995, 1999.
20. Towns L. Elmer, *Doa Terobosan. Penderkatan baru terhadap Doa Bapa Kami*, Metanoia, 2001.
21. Wallis Arthur, *Berdoa Di Dalam Roh*, Mimery press, 1970.